U0489140

TAKE IT TO HEART

走心

复杂世界的简单法则

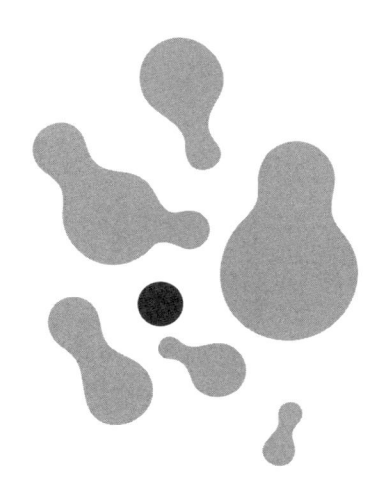

马一帅 著

真正的退 是处世时自然低调
真正的进 是做事中泰然担当

北京时代华文书局

图书在版编目(CIP)数据

走心:复杂世界的简单法则 / 马一帅著. —北京:北京时代华文书局, 2021.5

ISBN 978-7-5699-4174-6

Ⅰ.①走… Ⅱ.①马… Ⅲ.①人生哲学–通俗读物 Ⅳ.①B821-49

中国版本图书馆 CIP 数据核字 (2021) 第 089459 号

走心:复杂世界的简单法则
Zouxin Fuza Shijie de Jiandan Faze

著　　者丨马一帅

出 版 人丨陈　涛
项目统筹丨石冠哲
责任编辑丨李　兵
责任校对丨陈冬梅
装帧设计丨天下书装
责任印制丨訾　敬

出版发行丨北京时代华文书局 http://www.bjsdsj.com.cn
　　　　　北京市东城区安定门外大街 138 号皇城国际大厦 A 座 8 楼
　　　　　邮编:100011　电话:010-64267955　64267677

印　　刷丨三河市天润建兴印务有限公司　13603367195
　　　　　(如发现印装质量问题,请与印刷厂联系调换)

开　　本丨880mm×1230mm　1/32　印　张丨6.5　字　数丨152千字
版　　次丨2021年8月第1版　　印　次丨2021年8月第1次印刷
书　　号丨ISBN 978-7-5699-4174-6
定　　价丨48.00 元

版权所有,侵权必究

前 言

PREFACE

①

大学毕业后,我做了一名记者,满怀欣喜地踏入了这个社会。

但是,世界不全然是美好的,我看到了很多不想看到的事情,经历了很多令我觉得委屈的事。明白了什么是心机,什么是城府,什么是栽赃,什么是陷害,什么是落井下石……

我以为自己已经懂得了领导的意思,但没有想到有同事理解得比我更透彻。

我以为前面的路只有一条,没有想到别人已经走出了很多新奇的路。

我以为我已经竭尽所能地想对策了,没想到别人比我更能说到点子上。

于是,我开始改变,去适应这个世界,从最初的天真、单纯,变得有方法,有对策。

②

可是,哪怕我再努力,好像也没有什么用啊!于是,我选择妥协、屈服,甚至把平庸而懒散的日子当成是理所当然。

既然有了一份能够勉强糊口的工作,就不去奢望更高的工资了。

既然有了一个安稳的职位,就不要想着晋升了。

既然穿得起一些品牌的爆款,就不要去追求一些大品牌了。

可是,这些"不要"正在把这个世界一点点地让给别人,今天放弃一点,明天让出一点,最后剩下的还有什么呢?在经历很多事情后,我终于明白,这个世界虽然有虚伪与假意,但真善美从未缺席。

矢志不移是真,改弦易辙也是真,但在这两种人生哲学中,我最终认识到,真正要做的是坚守初心。

世界上的路有那么多,唯一不能选择的就是认输。我不能轻易地屈服于这个世界,因为我一旦退让,那只会无路可走。

3

诚然,这个世界有不公平,有是是非非。不过,我很庆幸的是,在我还没有老去时,在我还没有失去改变现状的能力之前,就已经知道了这个道理。更重要的是,我没有因为生活的不堪,积累满身的戾气,成为一个愤世嫉俗的人。相反,我依旧很乐观。

我知道,这个世界虽然功利,但它承认努力,只要我努力,机会就会均等,我就有机会翻身。

放弃或者逃避都太容易,心一想,力一卸,顿时就轻松了很多,可是与之对应的结果呢?是一无所有,是一事无成。坚持的确很难,也很累,可是只要我咬咬牙,持之以恒,或早或晚,或多或少,我都能如愿以偿。

世界的规则,我或许要摸索很久很久,但我有我的方法。在失去的过程中,我始终会得到一些;在跌倒的过程中,我始终会成长一些,我始终在慢慢变好。我相信总有一天,我会凭借着自己的力量在这个世界站稳。

在这个过程中,我想感谢自己,坚守住了底线;我也想感谢在生活中遇到的那些人,或助我成长,或给我以教训;我还想感谢这个世界,给了我挫折,也给了我机会。

尽管这个路程漫漫无期,但我知道这一切都值得,因为历经岁月洗礼,有的人会变成自己讨厌的那种人,而有的人会变成自己喜欢的那种人。

我希望,自己是后一种,希望看到这本书的你,也是。

目 录

CONTENTS

一　懂得察言观色的人很多，真性情的你才难得　　1

凡事不"抱怨"，你会没有存在感　　2
面对"暴力"，请一定还击　　7
希望你微笑，并且发自内心　　11
以坚定的姿态捍卫善良的锋芒　　15
积极主动没错，但凡事得有个度　　18

二　比情商低更可怕的是，你没有学习能力　　23

恭喜你，没有在这里浪费太多时间　　24
毕业后才知道，学习是终身的　　28
比情商更重要的是你的专业技能　　34
让自己成为不可替代的人　　37
你跟领导申请过加薪吗？　　43
与其过度美颜，不如适度自黑　　48

三 只有做自己喜欢的事，才能持之以恒 53

起码，你要热爱你正在做的事 54
你我一样有才，但我比你多了份热情 57
感谢这个世界的"不公平" 61
你是强者，你要自己站起来 66

四 你若盛开，清风自来 71

别让讨厌的人把你变成自己讨厌的样子 72
揭下爱情贴在你人生里的标签 76
没有朋友圈，你也过不好这一生 81
以你现在的实力，伯乐有什么用？ 85
朋友之间，重要的是分寸感 88
微微一笑，及时澄清误会 92

五 最怕你藏着掖着，还安慰自己得过且过 97

高情商的人，都是怎么拒绝别人的？ 98
请不要再当无名英雄了 104
该出手时就出手 108
有时候，"利用"并不是一个贬义词 112

六 这个世界正在惩罚不思变通的人 … 115

没有方向,你还一个劲在原地转圈干吗? … 116
再过10年,你还能跟得上这个时代吗? … 119
做事没条理,就别想把蛋糕做大 … 122
不用那么抓狂,每天多忙"一盎司"就行 … 125
我是第二,所以要更努力 … 128
你所谓的执着,只是错误的固执 … 131

七 没事别随便思考人生,想太多你就走不动了 … 135

下坡路那么多,谁说你一定要往高处走 … 136
别妄想了,谁的压力都不可能消失 … 138
无论对命运有多恐惧,都要学会长大 … 142
与其过度规划未来,不如努力做好当下 … 146
期待别人善待自己,不如自己先原谅自己 … 149
爱自己,并依靠自己的力量 … 153

八 情商高,就是说话让人舒服 … 157

你的谈吐里,藏着你的修养 … 158
说出你的真实想法,但要找对方法 … 161
好话并不是什么时候都适用 … 164
过犹不及,当心吃力不讨好 … 168

有些人天生擅长尬聊　　　　　　　　　　172
　　不了解就别安慰,他只需要你的耳朵　　　176

九　接纳变化,世界才是你的　　　　　　　181
　　爱情啊,都是有条件的　　　　　　　　　182
　　那些不喜欢,又不得不做的事　　　　　　185
　　要想岁月静好,请你不要太闲　　　　　　189
　　生命不能回头,"你变了"也没什么可怕　　192
　　做得了"俗人",才担得起梦想　　　　　　195

二

懂得察言观色的人很多,真性情的你才难得

凡事不"抱怨",你会没有存在感

1

我曾经在生活中发现一个规律:如果特别喜欢一样东西,我们会推荐给身边亲密的四五个朋友;但如果特别讨厌一样东西,我们几乎会让身边所有的人都知道。

在社交活动中,适当的抱怨能够发挥润滑剂的作用,拉近人与人之间的距离。我和办公室的一位摄影师同事就是这样熟络起来的。有一天,我去茶水间喝咖啡,听到那位同事在说:"我昨天去看了电影,真难看,一颗星都不想给。"我在一旁,忍不住搭腔:"对对对,我昨天也看了,也觉得很烂。噢,天哪!我们真是心有灵犀!"

多说了几句话,我们之后就成了很好的朋友。

很多时候,了解都是从表达"抱怨"开始的。不论这些"抱怨"是否与我们的生活息息有关,但不得不承认的是,"抱怨"的确是良好对话的开端,能够迅速帮助我们找到与他人之间互动的话题。

2

在工作中,不"抱怨",很多时候换来的可能只是漠视与忽视。

懂得察言观色的人很多,真性情的你才难得

我毕业后的第一份工作是在一个小杂志社做编辑。公司很小,因此老板经常把一个人当成两个人用。我当时正年轻,希望在老板的心中留下好印象,而且当时精力也旺盛,甚至有些自负,遇到问题宁愿自己焦头烂额,也不会向老板抱怨,更不会求助。

有一天,我收到作者发来的一封邮件,附件很大,下载需要一会儿工夫。最近一直加班,感觉有点累,所以起身去茶水间喝杯咖啡,趁此放松放松心情。喝到一半,老板进来了,开口问:"你怎么在这儿?工作那么多,你还有工夫喝咖啡?"

我觉得很委屈,低声问:"难道一定要做出很忙碌的样子,才能确定我在做事?"老板顿了顿,接着又说了一句让我感到更委屈的话:"但我觉得你一整天都很清闲啊!"那一刻,我真的很想把这段日子受的苦一股脑儿地都抱怨给老板听。

后来,我离开了那个杂志社,当了记者。随着阅历不断地丰富,我慢慢感觉到,在工作中,凡事不"抱怨"总是有些欠妥。不"抱怨"有时候会给别人一些误导,以为你还有更大的能力多做一些事,或者更能包容一些"苛刻"的要求。这样,我们不仅失去了与同事、上司沟通的机会,也会让自己蒙受"不白之冤"。

3

抱怨是必要的,但应该"适度"。

我所在的部门里有两个同事,珍珍和大卫,这两个人都喜欢抱怨,但是我们对他们的印象完全不同。

有一次，报社前线采访的两个同事请假结婚去了，领导就暂时派珍珍和大卫去协助前线的采访工作。接到通知邮件后，大卫立刻在办公室里嚷嚷："这年头，怎么大家什么事都喜欢凑在一起啊？一块儿旅游就算了，怎么结婚还有结对的。"

珍珍看到邮件后，立即把手里的工作总结好，标明了时间和重要程度，甚至清楚地指出哪些问题需要哪些同事帮忙解决，以及哪些问题是必须亲自处理的，不然就有可能产生错误，并且回复了领导。看到珍珍的邮件后，领导觉得她说得很有道理，最后派另一位同事代替珍珍去了，而大卫只能一边完成前线采访，一边忙着加班完成自己的分内工作。

有一次，珍珍的电脑蓝屏了，提请IT部维修，但一周过去了，IT部都没有派人过来。大卫跟同事私下抱怨道："真不知道IT部的人每天都在瞎忙什么，每次电脑出现问题让他们来修，不等到天荒地老是等不来的，但领导的电脑一出现问题，他们马上就跑来了……"

后来，珍珍便主动跟领导"抱怨"，说她的电脑蓝屏了，维修申请表递到IT部都已经有一周时间了，不过IT部始终没有派人来维修，也没有人回复她的申请，导致很多工作都被迫中断了，每天只能把工作拿回家做，熬夜到很晚，也影响了白天的工作状态。领导听了珍珍的"抱怨"后，立刻跟IT部的工作人员进行沟通，希望能够尽快解决珍珍的问题，并且针对类似的情况在公司的各个部门之间开展了一次反馈意见的活动，了解各部门之间协作的问题。

就这样,珍珍的"抱怨"不仅解决了自己遇到的问题,还得到了领导的赞扬,而大卫却落了一个"小气"的名声,同事们都不敢轻易跟他合作。

过了头的抱怨不可取,适度的抱怨才是职场中的润滑剂。

4

适度的抱怨是有技巧的,千万不能一头扎进抱怨的泥沼里。

第一,不能见人就抱怨。这一点,在大卫和珍珍的身上就有很好的体现。大卫每一次抱怨,都是向没有决定权的同事抱怨,他只是为了发泄情绪,但这样只会让别人讨厌。向有办法解决问题的人"抱怨",是适度抱怨的最重要原则。遇到需要解决的问题时,立即找能够解决这个问题的人,心平气和地就事论事。

"抱怨"也要对事不对人。你在"抱怨"时,不要攻击或贬低对方,而是要让他们真切感受到,你只是被自己"抱怨"的事情伤害到了。

第二,慎重选择"抱怨"的方式。通常情况下,以赞美的话语作为"抱怨"的开端,不仅能够减少对方的敌意,还能为对方设定一个标准。有时候,我们会选择向毫不相干的人抱怨,他们甚至完全不知道发生了什么,但如果一开始你就"雷霆万钧",这只会让对方产生自卫的应激反应。

第三,控制"抱怨"时的情绪。我曾经见过一位同事怒气冲冲地找领导理论,表示对他安排的不满,结果事情没有谈妥,领导已经被惹怒了。那时候,我便明白了,即使心中积累再多不满的情绪,也要使自己心平气和,就事论事地讨论问题。人一旦情绪化了,就无法清晰地表达自己的需求,而且会让对方误认为你是对他个人不满,而不是对事情不满。

第四,注意"抱怨"的场合。美国的罗宾森教授曾说:"人有时会很自然地改变自己的看法,但是如果有人当众说他错了,他会恼火,更加固执己见,甚至会全心全意地去维护自己的看法。不是那种看法本身多么珍贵,而是他的自尊心受到了威胁。"在公司会议上直接抱怨的人,就我观察来看,在日后的工作中几乎都会遇到些许挫折。因此,"抱怨"时尽量选择非正式的场合,尤其是关系到工作的事,尽量私下沟通,这样不仅为自己保留余地,还能在提出错误意见时维护自己的形象,也能够维护领导的尊严。

第五,选择"抱怨"的时机。有一位国际人际关系专家建议,在找上级阐明自己的不同意见时,可以先向其秘书了解领导此时的心情。因为当你找领导"抱怨"时,如果领导正烦躁着,无论你的"抱怨"多么理智,领导只会觉得心烦意乱,从而产生反感,这样不仅问题无法解决,还会让自己与领导的关系陷入僵局。

第六,抱怨归抱怨,要提出解决问题的建议。抱怨过后,最好能提出应对的建议,减少对方在听到抱怨过后产生的不开心。因此,就算不能提供一个完全奏效的方法,至少要提出一些建设性的想法,如此领导才会觉得你在替他着想。抱怨过后,最好再说一些安慰和理解对方的话,毕竟对绝大多数人来说,承认自己做错了是一件很尴尬的事情,更何况是让领导在下属面前承认自己错了。

最后,始终记住一点,在职场中"抱怨"的目的是为了解决问题,而不是让别人对你产生敌意。

面对"暴力",请一定还击

1

不知道在工作中,你是否有过这样的体会?那些经常对你施加"暴力"的人,如果你没有及时反抗并回击,他们就会形成一种自然而然的习惯,因为你从来都没有反抗过,所以他们认为这样做是能够被你接受的。

同一个办公室的实习生果果就是这样。通常实习记者进入报社都会有一个专门负责带领他的师傅,果果的师傅是老顾。老顾在业内小有名气,他在报社里相对独立,单独负责一个版块,工作相对较多,果果就是他的助理,帮忙处理琐事杂事。果果虽然很聪明,但是做事很不认真,经常丢三落四,心猿意马,耽误了很多工作。其实老顾一开始就发现了果果不是自己需要的助理,甚至有时候对她感到生气,但他在职场打拼多年,从不轻易红脸,也不愿意与别人翻脸,所以就任果果一直犯错。直到办公室变得一团糟,刚刚打印好的报道不见了踪影,吩咐的采访任务被以各种理由拖延,老顾终于忍不住开始指责果果。没想到果果不乐意了,她觉得老顾故意刁难她,她不接受,还要求加工资,理由是工作繁忙。老顾难得发火,一气之下让果果卷铺盖走人了。

虽然解决了一个麻烦,但老顾面临着更多的麻烦:被果果积压的工作需要抓紧处理;必须马上找到新助理,但有可能比果果更糟糕;招聘时,他不希望招刚毕业的小女生,大概是有了阴影……想到这,老顾终于认识到是自己最开始没有及时指出果果的问题,才导致现在手忙脚乱,心生许多挫败感。

在跟我谈起这件事的时候,老顾叹了一口气,说:"我觉得自己遭受到了'暴力',唉……"

2

职场"暴力"时有发生,不仅仅领导对下属有"暴力"的可能,下属对领导也会有,甚至更多更严重。职场中,你是否感觉经常受压制?你是不是觉得别人总是占你的便宜,不尊重你的人格?或者频繁触碰你的底线?同事在制订计划时没有考虑过你的意见?你是不是在职场中经常违心地扮演角色,因为人人都希望你这样?

那么,你反击过吗?

美国心理学家韦恩·戴尔曾经指出:"我从诉讼人和朋友们那儿最常听到的抱怨所反映的就是这些问题。他们从各种各样的角度感到自己是受害者,我的反应总是同样的:'是你自己教给别人这样对待你的。'"

没错,很多时候我们遭遇"职场暴力",是因为我们没有反击,给了对方继续"暴力对待"我们的机会。不妨想一想老顾的教训，他明明是受伤害的一方，却被果果记恨着。

因此，请记住，在职场和生活中，如果有人让你觉得不舒服，或者伤害了你，你要及时告诉他，别难为情。如果错的真的是他，他才会认识到自己的不对，才会知道你的立场，才会做出改变。宣扬自己的权利，不是一件错事。当然，这样做的前提是适度。

在人们日常的交往中，那些与别人相处得很融洽的人，并不是处处吃亏忍让才会如此，而是做事恰到好处，不卑不亢，从而赢得了他人的尊重。

当你被"暴力"了，说出来吧，勇敢地说出口。不过，说出来的前提是把目标聚焦在自己受到"暴力"的事实上，而非他人的动机或者人格，只有实事求是地说出问题，才能让对方意识到自己犯了错，并产生羞愧感和自责感，这样才能从根本上解决问题，避免下一次的"暴力"。当然，这并不是教你去占别人的便宜或者侵犯他们的权利。

捍卫自己的权利其实是保护自己尊严的最基本的原则，你若允许别人随意对你施加"暴力"，你就会失去维护自己权利的能力，也会削弱自己去争取应得权利的尊严。

3

反击"暴力"势在必行，但在反击的过程中，需要注意以下几点：

第一,用行动而非语言做出反应。如果你明显察觉到自己遭受到了"暴力",但你的反应只是口头上抱怨几句,而后默默承受,其效果并不好,下一次请用行动表示,效果会不错。举个例子,每次下班,你的同事都应该拿走垃圾,而他却总是叫你帮忙。你觉得不好,为什么要天天帮他倒垃圾?一开始,你可以在下班前提醒他将垃圾倒掉,如果他置之不理,那你就可以也采用置之不理的态度,不帮他倒垃圾,几次之后,他就会主动倒垃圾了。有时候一次行动,比任何言语都有效。

第二,敢于拒绝你不想做的、厌恶的以及不在你职责范围内的事。在职场和生活中,我们经常会遇到这种情况,自己明明不想做这件事,但别人总是拜托你帮忙,最后你在支支吾吾中还是答应了。一次过后,别人就会觉得你并不讨厌做这件事,从而总是叫你帮忙。和隐瞒自己的真实感受相比,人们更尊重那些毫不含糊的回绝。同时,他们也会更加尊重你。

如果领导觉得你很能干,想要加派更多的任务给你,这已经干涉到你的自由时间了。这时候,你要勇敢地说不,并且告诉领导,你有权利支配自己的自由时间,况且从繁忙的工作中脱身出来休息休息是完全允许的,任何人都没有权利侵犯你休息的权利。

第三,说话的语气要斩钉截铁,不要说那些让自己处于弱势地位的话。"我是无所谓的""我可没什么能耐",或者"我从来不懂那些方面的事",诸如此类,这就为其他人利用你开了一张许可证。

懂得察言观色的人很多，真性情的你才难得

第四，面对蛮横无理、盛气凌人的人，冷静地指出他们的错误行为。在生活中，我们难免会遇到吹毛求疵的、强词夺理的、夸夸其谈的人。别害怕，你必须斩钉截铁地迈出第一步，让他们意识到自己的行为已经触犯到你了，用"你刚刚打断了我的话"或者"你埋怨的事永远也变不了"等话语让他们知道自己的行为是不合情理的。这时候，你的表现越平静、越直言不讳，你反击的力量就越大。

第五，心中坦然。这个时候，假如有人表现出委屈，说一些好话，或者表现出生气、愤怒的情绪，不要害怕，也不要觉得难过，要不为所动，要对自己采取的态度感到问心无愧。

希望你微笑，并且发自内心

1

我之前看过中央电视台做的一期关于对陌生人微笑的节目。节目中，主持人朝每一个路过的人投以微笑，看看陌生人对微笑的不同反应。

路过一个人，主持人投去微笑，那个人没什么反应就走开了，又来了三个人，依旧没什么反应。这时候来了一位大妈，主持人向她投去会心的微笑，大妈也回了一个微笑，可以看得出，大妈的微笑有点害羞，但十分真诚。接着来了一位时尚摩登的女士，面对主持人的微笑，她也愉快地回了一个甜美的微笑。又来了一位农民工，看到主持人的微笑，他停下了脚步，点了点头，回以真诚的微笑。

那一期的节目做得十分成功，每一个路过的人都发自内心地微笑，大家仿佛在进行一场无声的交流。那时候，我突然发现，面对陌生人，有时候我们什么都不用做，只要一个微笑，就能够拉近彼此之间的距离。

微笑是最能打动人的，它是人与人之间交往的最好的语言。

曾经有一个朋友，每天愁眉苦脸的，仿佛有数不尽的心事。后来我建议他去看看心理医生，经过几个月的治疗，他的脸上终于有了微笑，他迫不及待地跟我分享他的收获："当我开始对同事微笑时，我能看到他们迷惑、惊异的目光，紧接着便是欣喜、赞许，你简直不能想象，我在这两个月里得到的快乐比过去一年中得到的还要多。你看我，现在已经养成了微笑的习惯，也慢慢发现每个人都在对我微笑，即使是那些过去不苟言笑的人，如今也变得可亲了。以前，真的辛苦你了，面对着我的苦瓜脸，如果不是你，我不知道什么时候才能真正快乐。"

2

我是一名记者，主要负责人物采访。在多年的采访历程中，我对一位保险业务员印象深刻，他身高1.6米，长得特别瘦，用常人的眼光来看，实在缺乏吸引人的特点，甚至有些先天不足。不过，就是这样的一个人,却成了让他们公司连续十年业绩全国第一的"推销之神"。

保险业务员姓张,他让我称呼他"小张"。小张这十年成功的秘诀是什么?沟通之后,我认为是他的"价值百万的微笑",他说这完全得益于经理的教导。

实习阶段,有一次小张去拜访客户,由于已经跑了一天,他觉得筋疲力尽,但为了完成业绩,他不得不尽力去做。结果,他没能与拜访的客户达成协议。回到公司后,他向经理报告了这件事,他自我反省是因为状态不佳导致了失败。

经理听完了小张的反省,顿了顿,说:"没关系,我认为你可以再去一次,但这一次,不管你觉得自己有多累,都一定要调整好自己的状态,在跟客户交谈的过程中,要展露自己的微笑,用真诚打动对方,他会看到你的诚意,我相信你会获得成功。"

小张点点头,决定按照经理的话再试一次。见客户之前,他打起精神,脸上展露出真诚的微笑。结果,客户真的被小张的微笑感染到了,愉快地签订了协议。生意谈得愉快,小张的心情也变好了许多,他急急忙忙回家,想告诉妻子这个好消息。自从做了保险业务后,生活变得特别忙碌,他已经好久没有跟妻子聊过天了。这一次,小张希望能够以一个微笑让两人之间的关系更美好。

他回到家,微笑着跟妻子打招呼,妻子感到很惊讶,继而变得非常兴奋,甚至有些受宠若惊。他们分享了最近的生活趣事,相处的氛围十分融洽,幸福极了。那一晚,小张认识到不管什么时候都要保持微笑,因为微笑可以让自己和身边的一切都变得更美好。

用微笑来消除人与人之间的隔阂,成了小张用自己的亲身体会总结出的职场中的制胜法宝。他在推销保险的过程中发现,笑容是向对方传达善意的捷径,于是他花了很长一段时间练习微笑。在以后的工作中,他总是带着微笑去推销保险,很少有人会拒绝他。

微笑,是一种有效的沟通方式,是人际关系的磁石。微笑具有传染性,可以使对方产生愉悦的心情,从而消除二人之间的陌生感,建立起双方互相信任关系的第一步。同时,微笑,让人充满激情,可以激发人的工作热情,从而创造不错的成绩。微笑也能帮助我们消除自卑感,逐渐建立信心,利于保持身体健康,增强活动能力。

3

美丽的微笑必须发自内心。

为什么这么说呢?

我的同事小陈,他和妻子刚结婚时,感情非常好,每天下班都能看到他的妻子在公司楼下等他。日子久了,生活日渐平淡,大抵是彼此没什么新鲜感了,他们开始为一些生活琐事争吵。最开始的时候,小陈说他们之间一旦有不满,立马争吵,吵得不可开交、各不相让,不过吵完之后,没过几个小时就能和好;后来,吵架的次数越来越多,就像每天的家常便饭似的,吵完后,谁也不理谁,仿佛进入了"冰冻三尺"的阶段。

懂得察言观色的人很多，真性情的你才难得

冷战也不是办法，因为婚姻不仅是两个人的事，更是两个家庭的事。为了不让家人看出他们之间的矛盾，一旦有别人在场，他们就会表现得非常恩爱，可一旦独处，两个人就互相不认识对方似的，各做各的事。事情发展到后来，他们在没人的时候也开始说话了，但都是基本的生活交流，即便是发生了不可调和的矛盾，他们也不争吵了，反而都露出一种客气的微笑。

后来，小陈离婚了，我想起一位经常办理离婚案的法官说过，当夫妇双方的任何一方表现出疏离的微笑时，就表明这对夫妻的关系已到了不可调和的地步了。

没错，只有发自内心的、自然的微笑才是最美的，人们只会对这样的微笑产生信任，产生美好的感情。

以坚定的姿态捍卫善良的锋芒

1

我为什么要善良？

在当今社会，善良是难能可贵的一种品质，种善因，得善果，善良是我们对生活的一个美好的憧憬。我们要选择善良，因为善良最终会回报在我们身上或者我们的家人身上。

时间回到第二次世界大战期间，一天，凛冽的寒风伴着鹅毛大雪,德怀特·戴维·艾森豪威尔,盟军的最高统帅,正乘车加速奔赴一场紧急的军事会议。这时候,一对年迈的夫妻吸引了他的注意。

他们冻得瑟瑟发抖,十分可怜。艾森豪威尔连忙让参谋长询问他们为何蹲坐在路边。这对夫妻表示自己准备去巴黎投奔儿子,不幸赶上汽车抛锚,现在不知道该怎么办。

艾森豪威尔当即决定带上这对夫妇,送他们前往巴黎,不料受到了属下的反对,因为会议紧急,但艾森豪威尔依然坚持。

事实上,德国纳粹反动势力早已潜伏在其前往会议的必经之路上,如果不是艾森豪威尔的善良与执着,恐怕他早已遇伏身亡。

善良是生命的黄金,是人最为崇高的品德。有一天,你会明白,善良比聪明更难,因为聪明是一种天赋,而善良是一种选择。

2

善良是可贵的,善良与善良相遇,会有更美好的结果;善良与欺骗和丑恶相遇,往往带来的是伤害。

在这个社会中,你要坚守善良,对人和睦,处世豁达,但你的善良必须要有锋芒。你要学会去保护你的善良,学会分辨欺骗与谎言,不轻信花言巧语,不对行恶的人施以援助,准确判断恶人的动机,要知道,心存险恶的人不会因你的热心和大度而悔改,反而因欺骗得逞而自鸣得意。对于他们,你要心存戒备。

懂得察言观色的人很多，真性情的你才难得

3

我们都读过寓言故事《东郭先生和狼》。东郭先生牵着毛驴出门，路遇一只神色慌张的狼，狼可怜地请求他帮忙藏身，东郭先生出于善念把狼藏进口袋，狼躲过了追杀。当东郭先生从口袋中将狼放出来后，狼却第一时间想要吃掉东郭先生。

西方的《圣经》中记载着：作为耶稣十二门徒之一的犹大，深受耶稣的恩泽与慈爱，三年间，与耶稣同行、同住、同吃，最后竟然因为区区30个银币将耶稣出卖给罗马政府，致使耶稣被钉死在十字架上。

所以，即使面对关系亲密的人也要有判断，出卖可能发生在任何人之间，不要盲目相信和纵容。

当代作家王蒙曾写道："而善良是有所不为的，善良的武器比凶恶少得多，善良常常败在凶恶手下。然而人们还是喜欢善良，欢迎善良，向往善良……凶恶每'战胜'一次善良，就把自己压缩了一次，因为它宣告了自己的丑恶。善良每败于凶恶一次，就把自己弘扬了一次，因为它宣扬了自己的光明。"

善良与凶恶就在一念之间，请你坚定地选择善良。"君子坦荡荡，小人长戚戚。"请你以坚定的姿态去捍卫善良的那一丝锋芒，为人和善却不软弱可欺，与人宽容却恪守底线。

积极主动没错,但凡事得有个度

1

在报社工作的第一年,我目睹了一个入职三年的同事小妮的离开。小妮入报社已经三年了,这三年时间,她吃苦耐劳,工作兢兢业业、勤勤恳恳,能力也很强,总能够出色地完成报社交给她的采访,在大家的眼中,她就是公认的业务骨干。她哪里都好,就是跟她的直接领导老吴的关系不好。

原因是什么呢?老吴在报社待了快十年,是一个"职场老油条",凭借着多年的行业积累和人脉资源,在主管的位置上坐得稳稳当当,有时候还会在上班时间干私事。接触的时间长了,老吴的缺点也暴露无遗了,比如气量小,总是爱生气,而且喜欢在女同事面前开一些不合时宜的玩笑,等等。小妮的性子很直,她完全看不顺眼老吴的做法,甚至产生了鄙薄之意,在平常的工作中能躲则躲,私底下还会在我们面前发牢骚,说老吴的种种恶习。

尽管平日里能躲则躲,但这种小心思是瞒不住的,自然而然地流露到日常表现中,老吴看在眼里记在心里,在年底续签合同的会议上,老吴向社长表示:"我觉得小妮工作能力很强,不过她可能因为这个原因,有些清高孤傲、不尊重领导,壮士断臂,我也很心疼,但是我觉得报社还是需要好用的人,能力再强,人品不过关也不行。"

过了一周,人事部门下达了通知,小妮的合同到期了,没有被续签。大家都很震惊,小妮也很黯然神伤。老顾先生点拨了她几句,她找到了问题的症结。深刻反思后,她意味深长地告诉我:"记住,在公司里,与领导处理好关系很重要。"

我郑重地点点头,在公司里,高层虽然有很大的决定权,但是能够对你进行综合评判的,很多时候都是你的直接领导。业务能力再强,业绩再高,都要与领导保持融洽的关系。

2

小妮的问题症结在于她忽略了老吴作为领导的权威,这相当于是小小的"越位"。在职场中,"越位"是一个大禁忌。

有一天,我在电梯里碰到业务部的黄刚。他看上去有点低落,我问他怎么了,他说他和业务部张经理之间发生了一点误会,日子有点难过。我问怎么了,黄刚说,有一次张经理带他去杭州出差谈生意,刚好客户代表是黄刚的大学室友,张经理希望黄刚能以这层关系为突破口,促进合作。

在餐桌上,黄刚确实不负众望,很快就和老同学热乎了起来,黄刚表现得特别积极,不仅聊各种八卦,在后续谈合作的环节,他还详细地介绍了报社的运营模式,甚至在谈到一些合同细节时,也完全没有要征询张经理意见的意思。

谈完了合同,黄刚又自作主张地多叫了几个菜,还叫了一瓶很贵的红酒,和客户边喝边聊,把张经理完全撂在一边了。

后来,合同是签了,但从此张经理对黄刚也爱搭不理了。

我无可奈何地安慰了他几句，因为我完全找不到更好的方式帮他解决问题。那次出差，黄刚的确起到了很大的作用，可是他完全忘记了职场中的规则。在谈判的过程中，他自作主张，完全没有把张经理放在眼里，这样如何能得到张经理的好感呢？

每个公司都像是一部复杂而精密的机器，每一名员工都是一个部件，在固定的位置发挥着不同的作用，从而保障整部机器的正常运转。作为下属，应该履行自己的职责，在与领导相处的过程中，大到与客户谈判，小到住宿安排，都应该先听领导的意见，以免出现不当的言行。

做好本职工作是基础，"到位而不越位"，最多做一个"参谋"，给出建议，最后的决定权要交给领导。

虽然有些员工长期待在领导的身边，深得领导的信任，但千万不要认为被领导信任就可以为所欲为，不要以为受了重用就与领导之间没有距离，从而替领导做主。出发点其实没有问题，是为领导着想，替领导分忧，维护公司的利益。但即使你的出发点是好的，领导的心里也会觉得不舒服，因为做决定的人应该是他。因此，无论你与领导的关系有多亲密，无论你的做法有多正确，都不要越过与领导之间的界线。

3

入职前，我们经常会被教育，在工作中要积极主动，但主动要有一个度，一旦过度，就容易造成越位。工作中，如果不属于你职责范围内的事,就听从领导的安排,不要主动去要求,因为一旦你插手太多,就会让领导觉得你有越位的嫌疑。对于不在职责范围内的事,少插手,甚至不插手。

但在职场中,"到位"与"越位"有时候是不好区分的,最关键的就在于要掌握度。度,不是无章可循的,而是有基本的原则的。

第一,明确自己的工作权限。在公司中,通常是一个萝卜一个坑,每个人都有自己的岗位,那么随之而来的就是十分明确的职责划分。对于职责,我们要做到心知肚明,并把它落实到言语和行动上。只有明确自己在工作中应该扮演的角色,应该履行的职责,应该遵守的行为规范,才能够做到"到位而不越位"。

第二,分清楚"分内"和"分外"。分内的事情,自己要做到最好,在做好分内之事的基础上,可以适当关注分外之事,适当地给出一些建议,给出自己的思考和分析,在不会损害自己或他人权益的情况下,可以尝试做做看,但对于那些完全不属于自己分内的重大决策,保持沉默为好。

二

比情商低更可怕的是,你没有学习能力

恭喜你,没有在这里浪费太多时间

1

记者这个行业,来来往往的人很多,其中不曾坚持就选择离开的人也很多,大抵是觉得正在经历的没有看到的光鲜亮丽吧。

有一次,报社来了一位应聘者,是二十出头的小伙子。面试的时候,我也在场,他兴致勃勃地表达着对记者这个行业的热爱,抱着一份"不入此行,终生遗憾"的豪情壮志,老顾格外看好他,结果试用期才过了一周,小伙子就向老顾提出要辞职。

老顾不解,问理由。小男生理直气壮地说:"最开始,我觉得自己是很有兴趣的,但工作了一周,我发现自己对这个行业一点儿兴趣都没有。"

"我觉得我应该恭喜你,起码你没有在这份你不感兴趣的工作上浪费太多时间。"老顾感慨地说,思绪万千。

小伙子临走之前还跟老顾聊了一会儿,问:"顾先生,我想知道你在这份工作上熬了多久。"

"八年了。"

"八年?天哪,我做了不到八天,就已经无聊透顶了。"

老顾扶了扶眼镜,说道:"这八年,我是越做越觉得有趣,我觉得除了这份工作,其他的我都做不好,这才是我最擅长的工作。我不清楚你的状况,不知道你是判断失误还是入错了行,又或者是遇到了困难半路退缩。不过，我真的要恭喜你，你没有在这里浪费很多时间。很多人啊，做了大半辈子，不仅一事无成，而且才发现自己从来没有喜欢过这份工作。这就好比婚姻，结婚十几年，才发现自己从未爱过对方，不可怕吗？"

一项调查数据显示，只有28%的被调查者找到了自己喜欢并擅长的工作，从而彻底发挥了自己的兴趣和优势，掌握了自己的命运，跨入了成功者的行列；而剩下72%的人在半推半就地做着自己不喜欢的事，别说在一群人中脱颖而出了，就连实现自己的价值都很难。

2

在竞争激烈的新时代里，一个人一旦没有了做成一件事的能力，注定将会一事无成。因此，可以毫不夸张地说，能力就是成功的资本。不过，对于很多人来说，知道自己的能力所在，也就是自己喜欢做什么事、擅长做什么事，是一个比较困难的问题。

更困难的是，能一直坚持做自己喜欢做的事，就像英国首屈一指的房地产大亨杰克逊。

杰克逊出生于物理世家，他的父母都是英国物理界的知名学者，他们希望自己的儿子在未来也能成为物理学界的天才，所以从小就让杰克逊沉浸在各种物理知识和实验当中，不过杰克逊对物理不感兴趣，他喜欢经商，只是他无法违背父母的愿望，一直学的都是物理专业，毕业后也去了父亲所在的学校任教。

杰克逊发现自己的兴趣后,每天晚上都会偷偷学习商业管理方面的知识,几乎到了如饥似渴的地步。任教几年后,他决定跟父母沟通,经过坚持和努力,他终于说服了父母放弃对他的要求,也因此放弃了父母提供的帮助。幸运的是,他始终坚信经商才能实现自己最大的价值。

若干年后,积累了丰富知识和经验的杰克逊,终于在商界赢得了自己的一席之地。

3

在经济热潮的推动下,有很多工作总是很"热门",导致很多大学生蜂拥而至。就像杰克逊的父母,认为物理学在人类进程中具有一定的地位,而商业则不稳定。

有几年,有人做IT赚了钱,于是很多大学生毕业后便一窝蜂地进入IT行业;有几年,做管理咨询很有前途,他们又一窝蜂地去管理咨询公司;有几年,很多人觉得在外企工作,工作环境好,薪水高,嘴里还能蹦出洋气十足的英语单词,看上去特别风光,很多人又跑去啃英语了;这几年,看到很多人在做自媒体,很多大学毕业生又摩拳擦掌,跃跃欲试。

这让我想起了"羊群效应"。在一群羊的前面,横放着一根粗大的木棍,羊群中的第一只羊奋勇跳了过去,第二只、第三只也依次跟着跳了过去。这时候,把羊群面前的棍子悄悄撤走,后面的羊走到这里时,仍会像前面的羊一样,向上跳一跳。这种行为也称为

"从众心理",就是说,在信息量不充分的情况下,人们容易产生盲从的行为。

那些所谓的"热门"职业,不正是职场的"羊群效应"带来的结果吗?当然,存在的东西必然有合理的一面,羊群效应是自然界的优选法则,在信息不对称的情况下,看别人怎么做的确可以规避一定的风险,对于保护弱势群体有一定的帮助。只是,我们不是羊群,我们有自己的思维能力和判断能力,应该学会独立思考,学会衡量自己,不能人云亦云,也不能盲目从众,去选择那些所谓的"热门工作",要知道,如果"热门工作"不适合我们,就算逼着自己努力,可能也会失败。

4

那些在一生中获得许多成就的人,一定是对自己擅长的工作做出了百分之百的投入和专注。我之前采访过一位知名作家,他谈道,在最初写作时,他也爱好做化学实验,他希望两者兼顾。但很多年过去了,身边的人都有了大大小小的成就,而他却疲惫地奔波在两个兴趣之间,一事无成。思虑再三,他决定放弃化学实验,专心写作,最后不负众望,成了知名的作家。

有一位著名的经济学教授指出,每个人在选择自己的工作时,都应该像一个国家选择经济发展策略一样,只有做适合自己的事,才能够更好地完成工作。此外,他用三个经济原则做了贴切的比喻。

第一个是"比较利益",也就是当我们与他人比较时,不必羡慕和嫉妒,人人都有自己擅长的工作,利用自己的专长才最有利。

第二个是"机会成本",这和知名作家选择写作放弃化学实验一样,人一旦做出了选择,就必须放弃其他的选择,在两者之间的取舍正好反映了机会成本。

第三个是"效率原则",工作的完成并不在于你花了多长时间,而在于你做出了多少成效,带来多高的附加值。也只有这样,才不会浪费自己的努力,才会得到应有的收获和鼓励。

曾经听过一句有哲理的话:"一个人所成就的事业,必然是这个人的特长,舍长取短是天下最愚蠢的人才干的事。"通俗而言,每个人都有自己的优势,有自己擅长的事,只有在喜欢的基础上善加利用,才能不断地发挥自己的优势,才有可能获得成功。

毕业后才知道,学习是终身的

1

我在大学时期,有一次因为电脑出了故障去修电脑,碰巧认识了计算机专业的沈建飞。通过聊天了解到,他的成绩很好,还没毕业就已经收到一家自来水公司的录取通知——首席信息官。这个职位在公司属于管理层,只不过权力较小。

进了自来水公司后,沈建飞说他过上了安逸、惬意的日子,因为那时候计算机的应用还不广泛,他每天的工作很简单,除了检测系统和效率低下的数据库之外,只需要维护电脑和网络就行。由于他的计算机水平是全公司最高的,所以公司很多人都会请沈建飞帮忙解决跟电脑有关的问题。沈建飞为人很热心,几乎有求必应。因为他在公司的人缘很好,所以经常帮完同事的忙后就被请出去喝酒。时间久了,应酬多了,原本看书的习惯就慢慢改变了;再加上公司的电脑问题来来回回就那么几个,他不看书也能解决,所以学习就被彻底荒废了。而计算机技术更新换代特别快,一不学习就会被时代抛在身后。

工作了十多年,前任老总退休了,新任老总新官上任三把火,用了短短一年时间就在公司实施了包括生产运行系统、供水服务系统、管网遥测系统、生产制水系统、水质检测系统、行政办公系统在内的网络建设。而沈建飞是公司的信息主管,权力本来就小,现在几乎就是一个虚的头衔。新任老总对他的评价是:不善于学习,新的技术都不大懂,新招进来的技术骨干中都有比他能力强的。

听到这,沈建飞后悔万分,想着如果能一直坚持学习的习惯,保持自己的优势,现在可能是另一番局面了。

2

如今的职场上,人才竞争十分激烈,"充电"变得越来越重要。常常听前辈说:"在任何一个行业,不学习就意味着被淘汰,记者行业更是如此。"在职场摸爬滚打许久之后,我发现虽然是人在选择工作,但工作也在选择人,没有哪一份工作只为我一个人而存在,都有很多人在排队等着干,这就要求我们必须掌握行业内的很多知识,不然就要面临着被淘汰的结果。

没错,我们只有在行业内成为那个不可替代的角色时,才会有足够的安全感。因此,面对如此激烈的竞争,我们必须不断学习,进行自我增值,不然就会像损耗过度的电池一样,毫无价值。无论是刚入职场的新人,还是在职场摸爬滚打多年的老人,要想闯出一片属于自己的天地,学习能力是最主要的"进攻武器"。

意识到这一点实属难得,但在充电的过程中,时常出现"乱充电""充错电"的现象,这样不仅浪费了时间和精力,更会让自己的职业生涯陷入窘境,产生难以解决的问题。

我的大学同学孟蕾,就遇到了这样的情况。大学毕业后,她顺利地进入了一家世界500强公司,她学的是技术,在公司担任技术支持,工作三年后,她的职业发展前景很好,公司对她也是重点培养。

但孟蕾觉得不满足,她希望给自己"充充电",获得更好的发展前途。在家人和同事的不理解中,她毅然决然选择了辞职,去美国进修金融专业的MBA(工商管理硕士)。

出国留学并不容易,为了申请到心仪的学校,孟蕾付出了很大的代价,不但放弃了一份颇有前途的工作,而且花光了这几年的积蓄,甚至还向家人借了一大笔钱。然而出国之后,很多事情并没有孟蕾想象的那么顺利,为了支付昂贵的学费和生活费,她不得不在学习之外的时间到处打工,好不容易毕了业,也没能在美国找到一份与专业相关的工作,因为美国不缺金融人才,况且孟蕾没有相关的工作经验。

没办法,孟蕾只好选择回国。在回国的飞机上,孟蕾充满信心,她觉得凭借着自己的"海归"身份和过硬的文凭与语言技能,在上海找到一份合适的工作完全没有什么难度。不过,现实又一次打击了她,她连续应聘了好几家外资银行,但都是过了初试就没有结果了。后来她跑去问了其中一家外资银行,对方很抱歉地说:"很不好意思,您的语言和学历的确都很难得,不过我们银行需要的是有丰富实践经验的人才,而您并没有任何金融行业的工作背景。"

进入金融界已然无望,孟蕾想重新回到自己的老本行,但经过几次面试后,她发现,外出留学花了自己四年的时间,这四年的时间说长不长说短也不短,对于一个从事技术行业的人而言,一切又要重新开始了。虽然孟蕾投入了很大的时间、金钱和精力成本,却在职业发展中遇到了重重阻碍。这就是"充错电"的教训。

其实,一个人起点的高低在职业发展中并不那么重要,重要的是懂得该如何打造自己的核心本领,让自己成为某一个行业内的领头羊。在当今社会,只要拥有强大的学习能力,就会拥有足够的竞争力,就能够不断突破自我,成为某一领域的强者。

需要记住的是,时代是不断发展的,今天的知识并不能解决明天的问题,因此学习必须是与时俱进的,如果只满足于今天的学习成果,从而停住脚步,那必然会被时代淘汰。

3

"充电"是必须的,那我们该如何"充电",才能成为社会中不可或缺的人才呢?

第一,抓住学习的时机。机会是转瞬而逝的,当下的机会在未来不一定存在,因此当面前出现学习机会的时候,千万不要犹豫,要坚定地跨出第一步,珍惜这来之不易的机会。

第二,充分利用时间,掌握多元化的学习方式,与时俱进。很多时候,我们会为自己的本职工作所累,空余时间只想休息,这就需要我们克服困难。平时的工作量太大,偶尔的业余时间还会被占用,最好的方法就是选择周末一段相对集中的时间学习,很多人读在职研究生就是充分利用周末的时间,这样既不影响工作,也不会因为学习对生活和工作造成很大的压力。如果工作强度不大,时间也比较稳定,业余时间充裕,那就可以利用晚上和周末的时间。在具体的学习方式上,现在网络发达,线上教育日趋流行,足不出户就能学习到丰富的知识。

第三,养成终身学习的习惯。学习不应该是被迫的,而应该是一种自然而然的习惯,如此才能激发自身更大的热情。终身,是一辈子的,要把学习的习惯坚持一辈子,才能够在回顾一生时,不觉得碌碌无为。

有很多大学生在微博上私信我,问我有什么具体的"充电"计划可以分享给他们。在我看来,学习是一种态度,持续学习更是一种执着的态度,当我们步入职场,不仅仅在知识与专业技能上有竞争,学习能力也是竞争的主要内容。

一个人只有善于学习并且不断地学习,才能获得无限量的成就。正如很多大学生问的那般,什么样的"充电"计划是合理而有效的呢?

首先,每个人都应该在准备"充电"之前,认真仔细地分析自己喜欢的领域或者想要尝试的领域对于人才有什么样的硬性标准,比如学历、工作经验和专业背景等。了解过后,按照这些标准调整自己的"充电"方向和方式,制订"充电"计划。进行"充电"时,不能仅仅是为了一张文凭,而是要为了提升自我价值而努力。

其次,"充电"计划要专一。很多人在做"充电"选择时,想法是不一的,有些人觉得多一个证书没坏处,有些人则觉得市场上流行什么,什么证书最吃香,我就去学什么,最后导致的结果是手里拿了一大堆证书,感觉自己天下无敌,什么都能做,结果到了职场上,除了空有一堆证书,其他的具体能力都不具备。这样目标不明确的"充电"在金钱和时间方面都是巨大的损失,而且容易混淆自己的职业观念。因此,充电要专一,要选择一门技术,专而精地付出努力。

最后,每次"充电"时机要明确。选对了"充电"方向,但选错了"充电"时间,依旧会是事倍功半,这也是职场人经常犯的错误。每个人的职业发展阶段是不同的,根据自己的特点选择恰当的培训,才是最优之策。在不恰当的时间"充电",不仅增加了金钱成本,还会浪费时间。

比情商更重要的是你的专业技能

1

文艺复兴时期，欧洲涌现了一批著名的艺术家，他们在建筑、绘画、雕刻、音乐等方面都创造了不朽的名作，着实令人佩服。在那些人中，我最欣赏的艺术家是米开朗基罗，为他的才华，也为他的"小小的骄傲"。

当然，除了我，米开朗基罗还被当时的教皇欣赏着，选他负责教堂的壁画设计和绘制，可见米开朗基罗的才华有多高。最重要的是，在艺术品的美感上，米开朗基罗有着独到的见解和难以撼动的地位。

有一次，米开朗基罗在雕刻大理石柱，教皇来了，发表了自己的意见，沟通中，两个人产生了严重的分歧，米开朗基罗觉得教皇不尊重自己的作品，火冒三丈，扬言要离开罗马。

身边的人都为米开朗基罗捏了一把汗，劝他千万不要冲动，不要因为得罪了教皇而自毁前程，然而出乎所有人意料的是，教皇非但没有惩罚米开朗基罗，反而极力请求他留下来。因为教皇知道，虽然米开朗基罗顶撞了自己，但他也是为了坚持自己的艺术作品，而当时的欧洲，像米开朗基罗这样的天才艺术家实在太难得，他根本找不到替代者。

在设计和绘画方面的无可替代的优势，决定了米开朗基罗在教皇心中的地位不可动摇。

在职场中也是如此,让自己拥有一门无可取代的技能,就会受到领导的器重。

2

优秀的技能不可替代,人的性格优势也是如此。

老顾先生经常教导我们采访的时候要细心,他说细心是一个记者必备的素质,一开始我们不以为然,后来他给我们讲了一个故事。说是德国一家公司与日本东京的一家贸易公司有合作往来,德国公司的经理需要经常乘坐东京和大阪之间的火车,车票都是由日本公司的一位女士购买。德国公司的经理坐了几趟火车后发现了一件很有趣的事:每次去大阪,自己的座位永远都靠右边的窗户,返回时,座位又变成靠左边的窗户。

有一次,他就这件事问了日本公司替他买车票的女士,女士笑着说:"火车去大阪时,富士山在右边;离开大阪时,富士山就在左边。我觉得您会喜欢看富士山的壮丽景色,所以我就替您买了不同座位的车票。富士山的景色如何?"德国经理听到这很感动,原本与这家公司的贸易额只有400万马克,他决定提高到1200万马克,理由就是这样一件微不足道的事情,他认为这家公司的员工都能如此周到,那在生意上,又怎么会不周到呢?

是的,细心这项素质就能让一个人无可替代。

我们时常说优势,这是一个非常宽泛的概念,并不只是拥有一种解决某个难题的能力,或者掌握一项复杂的技术,个人的一些特长或者某方面性格特征也可以是优势,就像有的人擅长唱歌,而有的人性格活跃,善于调节气氛。或者更具体而言,同一件事,别人不会做,你会;其他人只会一点,而你能够做得精和完美。人人都能够找到自己的优势,只要适当地开发、经营,就能将优势变成自己的核心竞争力,从而在职场和生活中获得成功。

每个人也都有劣势。在职场中,与其费尽心思改善劣势,不如努力将自己的优势发挥到极致。简单地说,我们要让自己成为一个"好用"的人。

3

我刚进报社那会儿,部门有一位主管,刚从国外留学回来,不过没过多久,她就走了,据老顾说是因为她拒绝了社长交付的一项临时性工作,理由是社长交付的任务与她在报社担任的职位与工作毫无关系。社长当时就生气了,倒不是因为她态度傲慢,而是她对工作的不尽责,最后只能这么算了,毕竟不能勉强她,也不能说她做错了。不过社长是真的觉得不舒服,那次之后,社长对这位"海归"主管几乎是不闻不问了。

三个月的试用期过去了,这位主管果不其然被社长婉言辞退了,理由是"能力太高,希望能另谋高就"。但社长私下跟老顾感慨:"她的能力的确是强的,可是报社的运行是一个整体,我要的是一个'好用'的人,而她太不'好用'了。"

"好用"这个概念是由日本的一本知名财经杂志最先提出的,"好用"的人通常都有以下特点:态度开放、不自我设限、专长明显,且学习力强、可塑性高、愿意挑战新事物,极富责任感,又能以公司的需要为己任。而那位部门主管每当报社有变动需要她应急时,她都摆出一副置身事外的态度,仿佛不打算与公司同舟共济。

在21世纪的新时代,"好用"是每个企业员工都必须具备的特质之一。

对于一个企业来说,最好是拥有自己的核心产品,拥有自己的独特优势,这样才能在大市场的潮流中跟上时代的步伐,在优胜劣汰的环境中取胜。而对于一名员工来说,也是如此,想完成从职场龙套向主角的转变,就要打造自己的核心优势,拥有公司需要的核心技能和价值,适应公司的发展,做一个具有核心优势的"好用"的人。

让自己成为不可替代的人

1

小时候读《红楼梦》,被贾宝玉和林黛玉的爱情感动;长大后读《红楼梦》,为其中类似职场里的"钩心斗角"而震撼。是啊,生活处处是江湖,哪里没有"你争我夺"呢?

鸳鸯在《红楼梦》里伺候贾母,是贾母的左膀右臂,如果贾母是董事长,那鸳鸯的职位就是董事长机要秘书,虽然是个丫鬟,但贾母非常信任鸳鸯,把自己的财政大权和私房钱都交给她保管。鸳鸯也做得很好,心细周到、温柔体贴,把贾母哄得服服帖帖,而且人长得也不错。

因此各房主子见到鸳鸯时,都会让三分,毕竟董事长机要秘书是离董事长最近的人,她的话可是最容易影响董事长的。不过,鸳鸯做事很得力,不搬弄是非,也从不会借着自己的权位狐假虎威。

有一次,鸳鸯面临着一个鲤鱼跳龙门的机会——嫁给贾赦当姨娘。贾赦动了娶鸳鸯当姨娘的念头,正是因为鸳鸯深得贾母的欢心。看,一个人只有在自己的岗位上做得十分出色,才会被人注意到。

贾赦派自己的妻子去游说鸳鸯。邢夫人苦口婆心地说了很多:"因此冷眼选了半年,这些女孩子里头,就只你是个尖儿,模样儿,行事做人,温柔可靠,一概是齐全的。意思要和老太太讨了你去,收在屋里。你比不得外头新买的,你这一进去了,进门就开了脸,就封你姨娘,又体面,又尊贵。你又是个要强的人,俗话说的:'金子终得金子换',谁知竟被老爷看重了你。如今这一来,你可遂了素日志大心高的愿了,也堵一堵那些嫌你的人的嘴。"

看到鸳鸯一副不情愿的样子,邢夫人又劝道:"难道你不愿意不成?若果然不愿意,可真是个傻丫头了。放着主子奶奶不做,倒愿意做丫头!三年二年,不过配上个小子,还是奴才。你跟了我们去,你知道我的性子又好,又不是那不容人的人。老爷待你们又好,过一年半载,生下个一男半女,你就和我并肩了。家里人你要使唤谁,谁还不动?现成主子不做去,错过这个机会,后悔就迟了。"

仔细听这段话,已经把鸳鸯的前途分析得很透彻了,而且邢夫人作为贾赦的正房亲自来劝,诚意十足。从前当贾母的丫鬟,最多算一个"普通员工",如果嫁给了贾赦,那可就成了"领导",这是一个很多人削尖了脑袋都想要的位置。那么,鸳鸯会接受这个提议吗?出乎意料的是,贾母身边的得力干将、才貌双全的鸳鸯却以死相拼,推掉了这段"姻缘"。

这是为什么呢?鸳鸯仔细想过,贾赦想娶自己当姨娘,并不是真的喜欢自己。去当姨娘,表面上是"升职"了,但要面对的"职场压力"和人际关系可要复杂得多了:赵姨娘很讨人厌,尤二娘被王熙凤暗算,处在贾母和贾赦之间也很为难……更重要的是,鸳鸯不喜欢新"领导",对那份新"工作"也不喜欢,而且贾母才是贾府中最大的靠山,自己虽然是个"秘书",看上去职位不高,却拥有着职权,所以她断然拒绝了。

鸳鸯的故事说明了一个道理:当你把自己的工作做到最好时,不仅自己的领导会赏识你,连猎头公司也会主动找上门来,这时候你完全可以挑选自己更喜欢、更适合自己的公司。

2

有一段时间,我觉得自己的工作状况糟透了,做什么都好像不对。老顾在那段时间对我也异常苛刻,就连办公室的同事也总是开我玩笑。我很生气,就跑去跟老顾抱怨:"我要离开这个破报社。"

老顾被我逗笑了,说:"对,我也觉得你一定要好好地报复报社。不过我觉得现在不是时机。"

"为什么?"我问,"什么时候离开最好?"

老顾说:"你现在走,说真的,报社没有什么损失。我认为你可以趁着还在报社,多采访,多写稿,积累工作经验,形成自己的影响力,然后你就可以带着这些离开这家破报社了,我和社长到时候一定后悔莫及。"

我觉得很有道理,开始积极采访,积极写稿。过了一段时间,工作状态变好了,之前觉得不舒服的地方都好像不见了。有一天,老顾走到我旁边,问:"你离开的时机到了。"

"我不走了。"我笑着说,"这不已经有了一席之地了吗?谢谢您。"

后来在反省那段时光的过程中,我发现很多时候,事情达不到自己的预期,不是因为同事,也不是因为公司,而是因为自己。当时我听了老顾的话,下定决心去改变,终于解决了很多难题和事情,那时候想要跳槽,大抵是想要逃避吧。事实上,用跳槽去逃避我们在职场中遇到的困难,还不如直接面对它、解决它。

3

跳槽其实是当下职场中很普遍的现象,但每个人跳槽的原因不全相同。一位职业规划师通过多年的调查研究发现,只有一小部分属于被动跳槽,无可奈何而为之,可能是得罪了上司和领导,被穿小鞋,或者与同事关系恶劣,针锋相对等,而其余大部分都属于主动跳槽,自觉选择。

主动跳槽也有不同的原因,有的人是把公司的工作当成个人发展的跳板或者创业的实习基地,他们目的非常明确,主要是积累资金和经验,一旦条件成熟了,就会毅然离开;有的人只看钱,以薪资待遇为目标,哪家公司给的薪酬高就去哪儿;有的人喜欢挑战,喜欢名气大的公司,一步步地从小企业跳到大公司,再跳到外企、世界500强企业;有的人,不在乎公司大小,只追求职位的提升或者挑战新岗位;还有些人觉得在公司的发展受到阻碍,想要寻找新的发展空间。

其实,每个人都想找到一个能够施展才华、能够自由发展的工作单位。不过,世界上真的有这样的地方吗?完全适合自己,找不到一点瑕疵?几乎没有。因此,跳槽之前,多问自己几个为什么,有针对性地分析,或许可以减少跳槽的盲目性。

首先,问问自己为什么要跳槽。如果是为了满足自己的新鲜感和好奇心,我认为需要立马打消跳槽的想法,我们的确不怕犯错,但人生短暂,真正可以让你从头再来的时候有多少呢?如果是想要挑战,想要向新目标发起冲击,这时候应该冷静地思考，新公司虽然承诺了高职位、高薪水，但你是否已经具备了冲击的能力和优势？如果是想要去创业，这时候应该想一想，自主创业的条件是否已经充分？你需要的经验和资金是否已经到位？

其次，问问自己跳槽的得失分别是什么。最直接的损失是失去原本属于你的工作以及花了一定时间在行业内获得的经验和人际关系资源等。那会得到什么呢？更高的平台？更大的发展空间？与自己的目标规划更相符？面对全新的工作岗位，你有信心吗？你能确保自己能够如鱼得水，实现自身的价值吗？这份工作与自己的人生理想，越来越近了吗？

面对这些问题，如果你的答案是肯定的，那么是时候跳槽了！但需要注意：必须在目前单位工作超过一年时间，如果在入职后短时间内跳槽，对于你要入职的新公司会产生不好的影响，也不利于你的职业发展；离职最好选在工作进展顺利时，而不是在走下坡路的时候；离职前要仔细研读与公司签订的合同，扫清障碍；跳槽前后，切忌议论原单位，不要说原单位不好，也不要过度奉承新公司。

面对以上问题，如果你的回答是否定的，那么与其频繁跳槽，不如改变自己，我相信环境也会因为你的改变而改变。

你跟领导申请过加薪吗?

1

我所在的报社里有两位会计,两个人互相配合,工作还算轻松,每天五点能按时下班,从不用加班。后来,其中一位会计怀孕了,孕期反应特别严重,基本做不了事情,另一位会计张瑶想到自己当初怀孕也是特别辛苦,就体谅那位同事,把活都揽过来了。这三个月来,张瑶明显忙多了,每天都加班到七八点,她在办公室里感慨:"一个人做两个人的活,真的有点难以应付。"

经过考虑,张瑶认为领导应该给自己涨薪水,就算没有,至少也应该发一笔奖金,毕竟这段日子自己付出了很多。但这几个月,不管张瑶怎么做,领导都好像没有看到一样,丝毫没有要加薪水的意思。等了几天,张瑶决定主动去找社长聊一聊,她走进社长的办公室,说:"社长,我有一个请求,我想申请加薪,或者您再招一个人帮我分担分担工作,因为另一个会计在怀孕期,也挺辛苦的,总不能让她做太多的事情,而我一个人实在太忙了,您觉得我的要求合理吗?"

社长听完后,想了想,这段时间的确辛苦张瑶了,于是他问道:"那你觉得给你加多少合适呢?"

张瑶笑了笑,说:"我相信社长是公平的,您绝对不会亏待任何一名员工,相信您对我的工作成绩有过考量,我也相信我会收到与工作成绩对等的回报。"

果然，没出几天，张瑶就收到了人事部的通知，她加薪了，而且比预期中还高出500块钱呢。

那时候，我就发现，作为一名员工，如果想要让领导给你加薪，必须由自己主动提出，而不是在暗地里用什么招数，那根本没有用。当主动向领导提出加薪要求时，不能含糊，而应该摆出一条条的理由，详细说明你为了公司付出了多少，相应应该得到多少报酬。

在这个过程中最重要的是，加薪数额要合理，不能狮子大开口，也不能畏畏缩缩，不敢向前。

2

有加薪成功的例子，也有失败的例子。另一个同事林冰在报社已经工作了一年多，这一年来，他勤勤恳恳，任劳任怨，有什么采访都会主动去，不说功劳，也有苦劳，重要的是这一年里他在加薪升职上也没有提过什么要求，之前有过机会但他没有争取。最近，他突然觉得自己需要加薪了，就去找社长谈。

听了林冰的话，社长当下就同意了林冰的要求，同时感谢林冰这一年来勤勤恳恳的工作，为公司付出了很多。林冰觉得很感动，知道自己做的事，社长都看在眼里了。这时候，社长主动开口："你觉得给你加多少薪水合适？"

林冰为了给社长留下体贴的好印象，为报社"省钱"，说："社

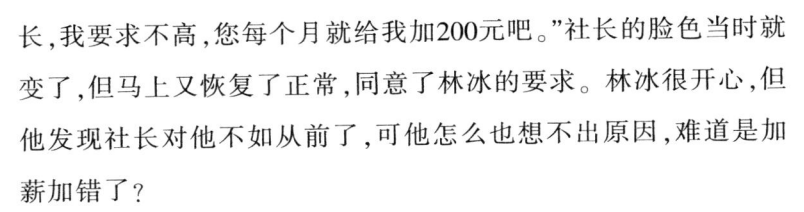

长,我要求不高,您每个月就给我加200元吧。"社长的脸色当时就变了,但马上又恢复了正常,同意了林冰的要求。林冰很开心,但他发现社长对他不如从前了,可他怎么也想不出原因,难道是加薪加错了?

后来,老顾好心告诉他:"林冰啊,林冰,不是我说你,你好不容易鼓起勇气去提涨薪的事儿,就不能一口气多提点吗?结果你就提那么点儿,这么点你直接跟我说,我也能替社长答应你了,还需要你自己主动去找社长吗?弄得他认为你就值那么点钱似的,他以后要怎么器重你呢?"

林冰若有所思地问:"那你们一般加薪都要求多少啊?"

老顾无可奈何地摇摇头,说:"最少最少也应该500元吧。"

加薪,其实是你与领导之间的博弈对局。你对加薪有自己的判断,领导也会综合分析你的能力和价值,判断出该给你加薪的幅度,并会以此作为与你"讨价还价"的依据。如果你想提出比领导预期更高的幅度,那你要有充分的理由,也要有足够的事实依据,就算与领导的想法有出入,领导也会适当调整;而如果你提出了很低的幅度,从一开始就处于下风,领导对你的看法就有可能不如从前了。

因此,一个人要想主动要求涨工资,就应提出合理的要求,不要过高,更不要太低。

其实没有一个员工不想获得丰厚的薪水,因为这不仅会让我们拥有更加优越的生活,也能证明自己的能力。不过在职场中,我发现了另一个奇怪的现象。有时候,同样的两个人,付出了同样多的努力，可到了加薪的时候，一个人不仅加了薪，还升了职，而另一个人什么都没有得到，这样的事比比皆是，屡屡发生。

通过对各个公司领导的采访，我发现公司在给员工升职加薪时隐藏着一个潜规则，那就是升职加薪是讲究策略的，如果你缺乏直接跟领导提出加薪的勇气或者毫无策略地提要求，那估计就无望了。

3

那么，要求升职加薪都有什么样的策略呢？

第一，升职加薪这件事是很私人的，所以必须由自己提出申请。

每位员工都希望升职加薪，希望公司能够看到自己的付出，从而得到更高的奖赏。不过直接跟领导提升职加薪的要求，很多人好像都有顾虑，担心领导的脸色会因为加薪的要求而变得难看，或者直接在办公室大发雷霆，甚至会直接炒自己的鱿鱼。所以很多人都不会主动为自己争取，而是坐在自己的座位上等着领导主动为自己升职加薪。

事实上，在职场中，我们应该很清楚，领导都是为公司精打细算的，就算是大范围内的加薪升职，也会分个轻重缓急。因此，不要做"无要求"的人，想升职加薪，请主动提出，也不要请别的同事开口，你可以跟直属上司谈，再请直属上司陪你跟领导谈。

第二，申请加薪要在最佳的时机提出。

为了让自己升职加薪的要求能够得到领导同意,必须选择一个合适的时机提出。而合适的时机有两个:第一个是公司"财大气粗"的时候,比如刚刚完成了一个大项目,结了款,财务上十分富足;第二个是自己刚刚完成了某项工作任务,为公司做出了巨大的贡献,公司很可能会对自己论功行赏的时候。

第三,加薪申请要准备充分。

有了加薪的主观想法,也有了加薪的最佳时机,接下来,就是要充分准备加薪申请了。第一项,你要明确地列出自己自上次升职加薪后取得的重大成就和突出表现。具体而言,可以是哪一次为公司谈下了一个大单子,获取了巨大的利润;或者哪一次为公司节省开支,节约了很大一笔成本。总而言之,具体而充分的数据比任何语言来得有效,更能令人信服,这也是你要求加薪的有力证据。第二项,你要做好要加多少薪水的功课。可以先了解自己这个职位在市场上的普遍薪资标准以及公司的整体状况,而后提出合适的薪资要求。通常而言,每次加薪的涨幅应该是10%左右,这几乎是所有公司能够承受的最高限度。自认为价值再高,也要给自己留有余地。第三项,你应该写一份简单明了的加薪申请报告,把以上两项内容写进去,并在结尾向领导表示自己的要求很合理,希望领导慎重考虑。

不过,有时候就算掌握了最佳的申请时机,所有的加薪条件都满足了,也不一定就能成功加薪。因为有时候人容易冲动,在提出加薪的过程中会犯一些错误,而这些错误会直接导致你失去宝贵的机遇,不仅加不了薪,还会威胁自己之后的发展。

在同级别的员工当中,不要让自己的薪水成为最高的。俗话说:枪打出头鸟。如果你的薪水是最高的,那领导对你的期待也是最大的,也就意味着如果你没能创造出最高的利润,领导就会失望。

不要威胁领导。很多职场新人都会在提出升职加薪要求时,跟领导说:"如果你不给我升职加薪,我就离开公司,去另外一家条件更好的公司。"这样做的后果很可能是你不能再待在公司了,要为一个莫须有的工作而走人。

不要多加抱怨。如果你没有加薪成功,或者加薪的幅度不如你的期望,请不要因为得不到满足而抱怨,抱怨会影响你的士气,也会让领导对你产生坏的印象。

不要频繁申请加薪。一年申请一次是最稳妥的,在这一年中,你正好可以向公司证明在上次加薪之后自己发挥了多大的价值,同时也能为下一次的加薪构筑坚实的基础。

与其过度美颜,不如适度自黑

1

记得有一次老顾招聘,来了一对好朋友小秦和小隋,他们是大学同学,都喜欢当记者。老顾给他们放了一个新闻,希望他们在三天内各写出一篇新闻报道,角度自选。小秦的基础比小隋好,老顾也比较看好小秦。

小秦一天就写完了报道,但她觉得不放心,也不太满意,就找了学校的老师帮忙修改,然后把报道交给了老顾。而小隋呢,基础虽然不太好,但认认真真地写完了报道,也交了。

老顾看了之后,跟我说:"小秦的报道写得太完美了,你找不到错误,感觉像是一个有丰富经验的人写的,没有刚大学毕业的那种冲动劲。小隋写得不如小秦好,但很真实啊。"

过了几天,我在老顾的办公室看到了小隋的身影,他认认真真地在写稿子。

2

老顾在进报社之前,曾经在某一所大学担任新闻系的副教授,在安逸的象牙塔中享受着丰厚的待遇,日子很潇洒,很是舒心。后来有一次,学校要评选教授,老顾准备充分,却落选了。经过思考之后,他决定辞掉学校的工作,尝试不同领域的工作。

思考了很久,老顾就来到了报社,他说他印象最深的是社长在面试的时候问了一个问题:"大学教授的工作多轻松啊,你怎么想到放弃那份工作,来报社上班呢?"老顾诚实地说:"年纪大了,怕在一个舒适的环境里失去自我。"

"你有什么失败的经历吗?"社长问。

"有啊。"老顾就把自己刚刚经历的落选教授的事,坦诚地叙述了一遍。

社长若有所思地点点头，老顾并不知道他这么直白对不对，一开始还信心满满，后来也没有十足的把握了，不知道社长对自己的叙述有什么样的评价，不过他想了想，自己也算问心无愧了。如果他以隐瞒自己的失败经历来获取这份工作的话，内心估计会有些愧疚吧。

过了一周，老顾被通知来上班了，社长说，他被老顾的良好心理素质和高尚人格魅力感动了，这给他留下了深刻的印象。

3

很多人喜欢用美颜相机，只要一个按钮，就能让脸上的痘印和皮肤上的雀斑、晒斑等各种瑕疵消失，还能让我们拥有大大的眼睛、小小的瓜子脸、细细的竹竿腿，最终拥有一张完美无缺的照片。只是，照片是假的，每个人的脸上都有属于自己的特点，就像每个人的性格，总会有缺点，没有谁是完美的。

"完美"这个词，代表的是一种高深的境界吧！看不到，摸不着，几乎所有的人都在追求完美。只是太过于完美的东西，其实并不那么真实。

人如此，职场也是如此。

在招聘的过程中，过于完美的人通常会让面试官有两种看法：第一种认为你华而不实，企图把自己包装成最好的模样来蒙混过关；第二种则认为你不是池中之物，有朝一日会跳槽，没有安全感。其实所有的公司在招聘时，并不是要找一个完美无缺的人,优点是考量的标准,缺点也需要审视,唯有将优点与缺点进行权衡后,才能判定该应聘者是否适合公司、能胜任公司的哪一项工作。

在追求完美的过程中,我们会暴露自己的很多缺陷,而这些缺陷是真实的,是不能用任何"美颜相机"进行掩盖的,如果被他人发现自己正在试图掩盖自己的缺点,其实很尴尬,不是吗?

因此,与其辛辛苦苦地塑造完美的自己,把自己夸得天花乱坠,不如恰如其分地自我揭短,展示真实的自己。

三

只有做自己喜欢的事，才能持之以恒

起码，你要热爱你正在做的事

1

记者这个职业，其实没有表面上那么光鲜亮丽，加班常常是每日必需的。有一段时间，我的工作状态很糟糕，正巧我要采访一家企业的领导，但他只有晚上有时间，那几天我采访完都是晚上十点了，我一手拎着笔记本电脑，一手捂着一个快冷透的烤红薯往公交车站赶，眼看着最后一辆公交车从我面前驶过。我又狼狈又郁闷，这么冷的冬天，冻得瑟瑟发抖，我不禁问自己："我为什么要接这个采访？我做这份工作的意义是什么，为了点钱，还是为了所谓的喜欢？"

出租车打了半天也没打到，我索性就开始走路，经过一个地下通道时，听到了《Hard Times (Come Again No More)》的曲调，而且是高潮的部分。这是我最喜欢的一首歌，我下意识地随着声音寻找，看到不远处有一个盲人，他蓄着长发，站在一个角落里，弹着吉他唱着歌。我突然想起了那部很喜欢的电影，它在片尾也用了《Hard Times (Come Again No More)》这首歌。电影讲述的是：有一家人在生活中遇到了各种各样的艰难与坎坷，但是他们相依相伴，始终没有放弃，最后终于熬过了最黑暗的时期。歌声响起的那一刻，我似乎看到了全世界的光芒。是的，困难的日子不会再来了。

没由来的鼻子一酸，我看了看手中的笔记本电脑和红薯，心里突然变得释然了。我明白了,我现在这样日夜奔波,不是为了钱,而是为了实现自己的梦想,而且我现在正在做着一份自己热爱的工作。

2

我常常感动于媒体大亨巴拉昂的故事。

巴拉昂以前是个穷人,他以推销装饰肖像画起家,只用了短短10年时间,就变成了一个富人。10年之后,他成了法国五大富翁之一。可惜的是,1998年,他因为前列腺癌在法国去世。临终前,巴拉昂留了遗嘱,财产中的4.6亿法郎捐给波比尼医院,用于前列腺的研究,还有100万法郎,作为回答出"穷人最缺的是什么"问题的奖金。

遗嘱刊登之后,收到了大量的信件,很多人都寄来了自己的答案。

在众多来信中,绝大多数人的答案是金钱。很多人都认为穷人最缺金钱,只要有了钱就不再是穷人了,这好像是不用动脑筋就能想出来的问题;有人认为是关注,大家都喜欢富人,很少有人关注穷人;有人认为是技能,因为能够致富的都是有一技之长的人;也有人认为是机会,找不到致富的时机,也就不能致富……

答案五花八门,在将近5万封信件当中,只有一个人答对了。

答对的人叫蒂勒,那一年她才9岁,她的答案是:"穷人最缺的是野心。"问其原因,蒂勒说:"我的姐姐总是警告我说不要有野心,不要有野心!我想,也许'野心'可以让人得到自己想得到的东西。"

蒂勒说的"野心"是指什么，或许不能判断，但我相信巴拉昂说的"野心"，在一定程度上是指"激情"。很多事，我们能够长期坚持，是因为它们能够给我们带来内心的丰盈和满足感。这件事，日日夜夜萦绕在我的心头，唤起了我深藏于内心的最强烈的兴趣。

3

乔布斯在斯坦福大学毕业典礼的演讲上说过这样一段话："有时候，生活会用板砖砸你的头。一定不要失去信仰。我知道，唯一支撑我前进的东西就是，我爱我所做的事。你必须找到你所爱的东西。这句话不仅适用于你的工作，也同样适用于你的恋爱……你的工作将构成你生活的大部分，而唯一能让你真正从工作中得到满足的办法就是爱你所做的事。假如你还没有找到它，继续找吧。不要停下脚步。同所有与心灵相关的东西一样，当你找到它时，你会知道的。而且就像那些美好的爱情一样，它会随着岁月的增长而越加醇美。"

在我看来，梦想就是一个人内心真正的热爱；梦想就是一个人为了它吃尽苦头，却依旧不放弃，并能感受到幸福和快乐；梦想就是一个人即使面对糟糕的境况，依旧能保持前进的动力。

虽然我不能保证，拥有梦想就能让你吃饱穿暖，衣食无忧，因为在现实生活中，很多拥有梦想的人正在忍冻挨饿，但我可以保证的是，在面对生活中的困难与坎坷的时候，梦想可以让你每天都充满活力，也可以让你看到更广阔的世界，带给你更多的幸福感。

当然,我也可以告诉你,拥有梦想,不仅能够衣食无忧,还能取得巨大的成功,就像众人皆知的创立苹果公司的乔布斯、创立万科的王石、日本著名建筑大师安藤忠雄等,例子不胜枚举,只不过那是别人,暂时还不是你。

而你与他们还有多大的距离呢?所以你要热爱你正在做的事,不然你如何做到日复一日地投入时间与精力?如果不是因为热爱,你又怎么能抗得住漫长生活带来的疲惫感和压力?

我很喜欢的作家村上春树在《当我谈跑步时,我谈些什么》中说:"突然有一天,我出于喜欢开始写小说;又有一天,我出于喜欢开始在马路上跑步。不拘什么,按照喜欢的方式做喜欢的事,我就是这样生活的。"

是啊,只有做自己喜欢的事,才能走得更远,才能真正实现梦想,无论何等意志坚强的人,何等争强好胜的人,不喜欢的事情终究做不到持之以恒。

你我一样有才,但我比你多了份热情

1

我曾经思考过一个问题:在20世纪八九十年代,在香奈儿的时代,有没有跟香奈儿一样有才的人?如果有,为什么没有可以与之在时尚界相抗衡的人呢？香奈儿的经历很多人都知道，她出生于19世纪80年代，12岁时，母亲去世，香奈儿去了孤儿院；17岁时，香奈儿进了修道院，所以她的年少时光是黯淡的。

当时的法国，妇女地位低下，一个女孩要想在社会上生存是一件很艰难的事，更别说留下些什么了。在孤儿院的生活经历，让香奈儿意识到具备高超的针织手艺对女性而言是一项特别重要的技能，于是她想通过针线手艺养活自己。18岁那一年，她就跑到一家商店做缝纫师助理。

年少时的经历影响了香奈儿对服装的理念，她觉得妇女需要的不是烦琐的装扮，而是宽松、舒适的衣服，她认为："行动不便的服饰将女人束缚，从而使她们被迫依赖于仆人和男人。"基于这个理念，香奈儿开始设计风格朴素端庄、简洁大方的衣服，比如黑帽、白色短衫、雅致的黑领结、简单素洁的短上衣。

20多岁时，香奈儿遇到了卡佩尔。1908年，在卡佩尔的资助下，香奈儿开了一家帽子店，由于帽子宽大、实用，在当时受到了很多妇女的欢迎。

1912年，香奈儿趁热打铁，在法国的海边小城诺曼底开了一家服装店，这里是上流社会的度假胜地，拥有天时地利，再加上香奈儿设计的运动衫、开领衬衫、短裙等又极富个性，所以很快地吸引了大家的注意。为了扩大影响力，香奈儿让自己的姐姐穿上自己设计的衣服去最繁华的地区吸引妇女们的注意，从而一举成名。

1918年，亲密爱人卡佩尔因车祸遇难，香奈儿伤心欲绝，但她没有因此而消沉，始终坚强地发展自己的事业。

第一次世界大战爆发后,男士要上战场,女性就肩负起了持家的责任,职业女性开始出现。之前的服饰过于束缚,她们需要更实用的服装,强调舒适性、方便性和实用性,香奈儿的服装正好具备这些特性。至此,她的服装事业蓬勃发展。

第一次世界大战后,香奈儿敏锐地察觉到手工定做服装已经不再适应大众需要。尽管这时她的手上拥有超过200位著名女性的订单,但她还是毅然决然地投入成衣市场。这一举动,让香奈儿服饰企业在当时位居前列。但香奈儿并没有满足于自己取得的成绩,1920年,香奈儿开始提倡女性整体形象的革新。

1924年,香奈儿推出了即使是现在也依然经典的黑色小礼服,掀起了一场世界服饰革命。

香奈儿觉得女性不能只拥有玫瑰和铃兰的味道,每一个女性都需要一款香水,这会增加女性的魅力。于是,"香奈儿5号"香水应运而生,这是一种世纪经典香水,著名的好莱坞影星玛丽莲·梦露用性感而充满磁性的声音对全世界说:"夜里,我只'穿'香奈儿5号。"全世界都疯狂了。

2

香奈儿的成功,在于她对事业的热情。热情是一种状态,是一个人获得成功的原动力,是一个人成就事业的源泉。

我身边的很多人在工作了一段时间之后,发现自己变成了一个机器人,每天都重复着单调的工作,处理着枯燥的事务,每天脑子里想的不是如何提高工作效率、如何提升自己的业绩,而是早点下班、早点从繁忙的工作中解脱。

这样的人,几乎没有什么具体的人生目标,只是想过一天算一天,做一天和尚撞一天钟,不思进取,不求上进。他们有时候甚至会抱怨环境、抱怨同事、抱怨工作,最后陷入进退两难的困境中。

要想摆脱这种困境,我认为唯一的办法是唤起自己的热情。无论是做人还是做事,热情都是不可或缺的条件,热情就像发动机,发动机能够让电灯发光、机器运转,而热情会唤醒人们沉睡的潜能。历史上那些名垂青史的人,都用热情留下了属于自己的痕迹:莎士比亚充满热情地拿起了笔,在树叶上记下他燃烧着的思想;哥伦布充满热情地克服了艰难险阻,享受着巴哈马群岛美丽的晨曦;爱迪生充满热情地做起了各种实验,改变了这个世界……

因为热情,人们不断地革新和创造着这个世界。没有了热情,世界上任何一件事都很难坚持和完成。

3

其实我们每个人都拥有热情,不同的是,有的人能够维持30分钟,有的人能够维持30天。那些真正成功的人却能让自己的热情维持30年,甚至是一生,他们带着热忱和激情去工作,全力以赴,调动全身上下的每一个细胞,驱使自己完成内心渴望达成的目标。

职场中也是一样,你只要转换思考的角度,就能够对自己的工作产生兴趣,这是保持工作激情的一种方法。

那如何保持对工作的热情呢?

首先,保持快乐的心情是产生兴趣的前提。只有心情快乐了,做事情才会有精力,才能把工作当成是享受,才能保持对工作的热情。

其次,要定期为自己树立新的目标。爬过山的人都知道,大家在爬山的过程中感到干劲十足,充满激情,等爬到了山顶,反而觉得迷惘了。工作就像爬山,不同的阶段有不同的目标,等达到一定阶段时,要为自己树立新的目标,而方向和目标,会指引着自己发现工作中的乐趣。

感谢这个世界的"不公平"

1

我在采访的过程中,常遇到这样一种人,他们一旦与比自己过得舒服的人产生了矛盾,就会脱口而出:"凭什么?"这句话的意思听得多了,倒是听出了一种意味,就好像错的永远是别人,是这个世界。有太多的人习惯在还没有付出努力的时候,就认为这个世界不公平。

回想起自己的学生时代，由于成绩好，所以总能享受不错的"待遇"，老师喜欢我，同学也喜欢我；工作以后，就发现这个"待遇"没有了，有时候会在心里念叨：怎么不公平了呢？却不曾想过，其实是从前不公平……

这样的心态，大部分人都有。

有一次闺密跟我吐槽，她有一个跟她同龄的亲戚，高中时期不好好读书，好不容易混到了一个三本学校，读了一半，觉得自己不是读书的料，就自作主张退学做生意了。后来，生意越做越大，在城区买了房，有车有老公有孩子，生活得非常幸福，朋友圈整天都在晒好吃的、好玩的。

同事也跟我吐槽，他觉得周围都是比他富有的、比他有能力的人，感觉自己是沧海一粟，他捶胸顿足地问："为什么我过得不如他们好呢？"

亲戚也跟我抱怨："我认真读书，考大学，读硕士，读博士，进了500强企业，每天起早贪黑，累死累活，为什么我赚的还不如别人的一顿饭钱多？"

但我想说的是，在各种抱怨的背后，我们都很清楚，有的人在真努力，而有的人只是在佯装努力。其实，不是这个世界残酷，只是它不偏袒你而已。

2

所谓的"不公平"，我们自己去想，其实会有很多原因。

有的人自我反省："我想过了,我和他上一模一样的课,为什么他的成绩比较好呢?我本来以为是他天赋过人,天资聪明,后来发现,其实我就是懒啊,也不比别人差。"这很可能是真的。

有的人会感慨："千里马常有,而伯乐不常有啊。我还没有遇到我的伯乐,还没有到可以展现我能力的时候。"其实伯乐是有的,只不过在伯乐的眼中,你不是那一匹千里马。

有的人会说："我还不够成熟,等我成熟了,估计就好了。"或许,你已经成熟了,只不过成熟了就这样。

这些话都是在埋怨这个世界的不公平,可是当我们在抱怨的时候,这个世界上还有很多人,交不起学费,重病却凑不齐手术费,起早贪黑养家糊口……这时候,你还觉得世界不公平吗?

3

我看过一个很好玩的帖子,帖子里的故事发生在国外。

有一个叫朵拉的女孩,她25岁,年轻貌美,有一天在金融论坛上发了一个题目是"我怎么样才能嫁给有钱人"的帖子。内容是这样的:"我今年25岁,不夸张地说,我拥有天使面孔,魔鬼身材,有品位,谈吐佳。我想嫁给一个年薪50万美元以上的男人,我认为自己有这个资本。其实这个要求并不高,对不对?毕竟在纽约,年薪100万美元才算中产。请问这个论坛里有年薪超过50万美元的人吗?结婚了吗?我今天想要请教的问题是:我要怎样才能嫁给你们这样的有钱人？在我约会过的人当中，最有钱的是年薪25万美元，再也没有比这更高的了，这好像成了我的上限。之所以想嫁给一个年薪50万美元的人，是因为我想住进纽约中央公园以西的高档住宅区。最后，我想问几个问题。第一个问题：年薪50万美元的人一般都在哪里消磨时光？第二个问题：你们觉得我把自己的目标锁定在哪个年龄段比较有希望？第三个问题：为什么那些比我长得丑、比我身材不好的女人却能幸福地嫁给大富翁呢？真不公平。"

这个帖子得到了华尔街一位金融家的回复，回帖的内容是："亲爱的朵拉，我看到了你的帖子，我相信这不是你一个人的疑问，世界上还有很多女士都和你有着同样的疑问。恰好，我是一个投资专家，我打算从一个投资专家的角度对你的处境做一个简单的分析。请你放心，我不是在浪费你和大家的宝贵时间，因为我的年薪超过50万美元，算得上是您眼中的有钱人，符合您对另一半的要求。

"从一个投资专家的角度来看，如果我选择跟您结婚，那只能说明我做了一个失败的投资决策。道理其实很简单，我觉得您提出的要求实质上是一桩交易——'金钱'与'外貌'的交易。您提供迷人的外表和魔鬼身材，对方出钱，看上去是一桩公平的交易。不过，有一个问题，就是随着时间的流逝，你不可能一年比一年更漂亮，您的美貌会消逝，而我的钱呢，不但不会减少，反而每年都会增加，那么从投资的角度来看，您是贬值资产，而且贬值的速度很快，而我是增值资产。还有一个问题，如果外表是您唯一的资产，我现在投资您，那我10之后会亏损得很厉害。投资中有一个术语叫作'交易仓位',意思是如果某种物资一旦价值下跌就要立即抛售,而不宜长期持有。在我看来,您想要的婚姻就处于需要随时抛售的状态。从投资专家的角度来看,我认为一个年薪超过50万美元的人应该不傻,所以他们不会选择买入,而会选择暂时持有,也就是租赁。简单而言,就是他们只会选择跟您交往,而不会选择跟您结婚。因此,我给您的建议是不要想着如何嫁给有钱人,毕竟有钱的傻瓜并不好找,您不如想办法把自己变成年薪50万美元的人,这样的胜算更大。希望我的回答对您有帮助。顺便说一句,如果您对'租赁'感兴趣,请联系我。"

公平其实是相对而言的,朵拉的公平与华尔街金融家的公平是完全不相同的。也就是说,很多时候你认为的公平,对他人而言,不一定是公平,只有双方都认同的才算是公平。可惜,这样的概率很小,因为人本自私,大家总是从自身的利益去思考问题。

4

我相信,很多人曾经都为金光闪闪的生活迷失过自己。我也不例外,但我现在认为没有必要觉得不公平,也没有必要去羡慕他人,因为每个人想要的东西不同。有人比我走得快,有人比我成绩好,有人比我过得好,这些都不重要,重要的是,我想要什么,我该如何努力去得到它。

世界于我们每个人而言都会有些不公的。但即使如此,你也不能让世界的不公平影响自己。每个人都能说出许多自己认为的不公平的事,有的人痛哭流涕,有的人破口大骂,可是世界的不公平会就此改变吗？并不会！那为什么会有这些不公平呢？往往是当机会来到你的面前时,你并没有把握住它。举个最简单的例子,几乎所有的女性都在喊减肥,可是有多少人真正做到了管住嘴、迈开腿呢？只要你去做,并且做到了,你就会成功。

你是强者,你要自己站起来

1

我空闲的时候经常看和动物有关的纪录片,因为我能在那些动物中,看到大自然的真正强者。

记得有一次看到草原上有一匹掉了队的斑马,它正不安地四处张望着。这时候,不远处一只饿了一天的狮子发现了它,狮子就借着草丛的掩护,慢慢地走到斑马的后面。斑马并没有发现它,一瞬之间,狮子像闪电一般直接冲向斑马,斑马这时候才知道危险临近了,它本能地逃避狮子的攻击。

第一回合,狮子扑了空,它好不容易遇到猎物,可不会轻易放弃,于是转身又扑来,斑马拔腿狂奔,躲进一处灌木丛里。灌木丛不是狮子能施展拳脚的地方,它在外围等了一会儿,低吼了几声,又饿着肚子回到了原本的土丘上。

在那一刹那,我为斑马松了一口气,但也陷入了深思。狮子是

只有做自己喜欢的事,才能持之以恒

草原上的强者,几乎没有动物是它的对手,很多动物一看到狮子就四肢无力,瘫在原地等待生命结束。和狮子相比,斑马的确是弱者,可是强弱都是相对的,那些原本的弱者,也有可能凭借自己的努力成为强者,也会闯出自己的一片天空。

在动物的世界里,其实没有绝对的强者和弱者。在狮子与斑马的角逐中,"弱者"斑马最终赢得了战役的胜利。遇强则强,遇弱则弱,面对狮子的追赶,斑马"释放"了自己的潜能,最终成为"强者"。

人类的世界也是如此,从来没有绝对的弱者。运动场上,跑得快的的确是强者;考场上,分数高的也的确是强者。但运动场上的强者并不一定是考场上的强者。

遭遇挫折或者失败时,"弱者"喜欢找比自己差的人或事物为参照物,从而安慰自己不是最糟糕的;而强者则完全相反,他们会找比自己更强大的人或事情为参照物,从而看清自己不足的地方,重新调整自己的方向,并振作起来。

2

我在采访的过程中,遇到过很多人,有一些弱者,他们总是不停地抱怨;而那些强者几乎从来不向别人抱怨,问其原因,他们认为抱怨解决不了任何问题。

1946年,一个名不见经传的汽车小厂——丰田公司,立下雄心,制订了向当时的汽车王国——美国挑战的计划。作为第二次世界大战战败国的企业,丰田公司在资金和技术上,远远不能够与实力雄厚的美国汽车公司相抗衡。而且第二次世界大战结束后，美国驻日本的盟军司令部禁止日本制造汽车，不过这些困难并没有阻止日本人向美国汽车行业挑战的决心。30年后，日本丰田成了世界上家喻户晓的汽车品牌。

第二次世界大战结束后，一家原本生产军用望远镜的军工企业日本尼康公司不得不军转民，开始生产民用照相机。当时，世界上的照相机王国是德国，日本尼康当时就把自己的产品定位于超过德国照相机。可以说，现在世界上的高档照相机有90%都是日本产品，尼康就是耳熟能详的相机品牌之一。

通过这两个事例，我们可以看到在二战时期实力最强的事物，并不一定是生存能力最强、生存时间最久的。有时候，实力最强的事物也有可能最先消亡，而那些看上去实力最弱的事物如果能够不断地增强，也有可能在竞争中获得最终的胜利。我们的职业生涯也是如此，能力最优的人未必就能成就最伟大的事业，因为他面临的竞争很多，在反复博弈中，很可能会因为各种原因而败下阵来；而那些能力较弱的人，如果能够抓住时机，也有可能获得最终的成功。

在工作和生活中，强者和弱者都是相对的。

3

曾经听过一个故事。

有一个小男孩，刚出生的时候被父母遗弃了，一直生活在孤

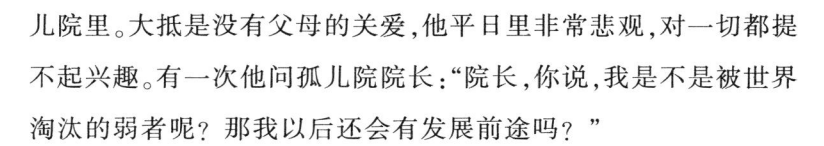

只有做自己喜欢的事，才能持之以恒

儿院里。大抵是没有父母的关爱，他平日里非常悲观，对一切都提不起兴趣。有一次他问孤儿院院长："院长，你说，我是不是被世界淘汰的弱者呢？那我以后还会有发展前途吗？"

院长笑而不答，转身去院子里捡了一块石头，认真地说："你拿着这块石头，明天早上去菜市场卖这块石头。但有个要求，无论有人出多少钱给你，你都不能卖掉这块石头。"第二天早上，小男孩听话地拿着石头来到菜市场上，找了一个角落，蹲下来，把石头摆在跟前。蹲了一会儿，就有不少人对他的石头产生了兴趣，其中一个人说："我花3个金币买你的石头。"小男孩摇摇头。旁边站着的一个人说："那我出5个金币，卖不卖？"小男孩还是不肯卖。这时，又有第三个人喊："卖给我吧，我愿意出10个金币！"小男孩听到这个价其实已经动心了，10个金币对他来说，是多大的一笔财富啊！可是，小男孩记着院长的话，怎么也不肯卖，即使后面的价格越来越高，他也始终不卖。

等菜市场关门后，小男孩兴奋地回到孤儿院，向院长报告了这件事："院长，你肯定不敢相信居然有人出50个金币来买这块石头，他们难道不知道这块石头哪里都有吗？"

院长笑了笑，说："这样，明天你再拿到黄金市场去卖。记住，还是无论出多少钱，都不能卖！"

在黄金市场上，有人竟然肯出比昨天高10倍的价钱来买这块石头，不过小男孩还是记住院长的话，坚持不卖。他回去后又分享了今天的见闻："我怎么也没有想到，这块石头居然值500金币。"

院长笑了笑,叫小男孩明天把石头拿到珠宝市场上去卖。结果,那块不起眼的石头的身价又长了10倍,由于小男孩怎么都不肯卖,一传十,十传百,那块石头竟成为每个人口中的"稀世珍宝"。

小男孩简直不敢相信,他捧着石头兴冲冲地回到孤儿院,把今天发生的这一切都告诉了院长,他问:"院长,为什么会这样呢?它只是一块很普通的石头啊!"院长语重心长地说道:"这块石头与其他普通的石头没有任何不同,但是它有了你的珍惜,它的价值就变高了。这时候,我相信你也发现了,在不同的环境下,这块石头的价值是不一样的。人也是一样,只要对自己有信心,珍惜自己,看重自己,并且找到适合自己发展的环境,就会成为强者。"

我很喜欢刘墉先生说过的一句话:"虽然不是每个人都可以成为伟人,但每个人都可以成为内心强大的人。内心的强大,能够稀释一切痛苦和哀愁;内心的强大,能够有效弥补你外在的不足;内心的强大,能够让你无所畏惧地走在大路上,感到自己的思想高过所有的建筑和山峰!"

或许不是每个人都能成为世界的强者,但我们起码能够成为自己的强者,拥有足够的信心,找到适合自己发展的方向,就会成为了不起的强者。

四

你若盛开，清风自来

别让讨厌的人把你变成自己讨厌的样子

1

每一个单位都是复杂的团体,各式各样的人都有,报社也不例外。邹丽是办公室里的同事,性格开朗大方,人缘特别好,同事们也都愿意跟她打交道。在工作方面,她认真负责,虽然没有写出特别精彩的稿子,但一直勤勤恳恳,没有犯过错误;每次遇到自己不明白的事情,她也很谦虚,会在第一时间向报社里的前辈请教,态度很好。

办公室里有好几个实习生,其中一个叫姚青的女孩,对邹丽十分热情,经常夸她厉害,有好吃的好喝的总会给邹丽一份。中午休息的时候,她会到邹丽的办公桌前聊天,邹丽特别信任姚青。

报社每周一都会开选题会,而这一周的选题会格外受重视,因为报纸面临改版,如果谁能提出好的建议,就有机会直接负责某个版面,这对于报社里的员工来说,很有诱惑力。而且,如果建议提得好,反响不错,相当于立了一个很大的功,对于年底的加薪、升职都有一定的帮助。通知一出,大家纷纷摩拳擦掌,时刻准备着要一展拳脚。

周一上午,姚青拿着一堆好吃的跑去问邹丽有没有想出什么好的选题。邹丽笑着说有,然后就一股脑儿地将自己的想法都告诉了她。姚青一边听一边鼓掌,赞叹地说:"感觉你好厉害,居然能想到这么好的选题,不像我,想的都是乱七八糟的。不过我觉得你的选题的实操性可能不强。"说完就走了。邹丽想了想姚青的话,有点儿泄气,打算在选题会之前重新考虑一下选题。

下午,选题会开始了,由几个实习生先发言。当姚青开口说话时,邹丽呆住了,因为姚青嘴里说出来的正是邹丽早上刚刚告诉她的选题,一字一句,完全不差。等到姚青说完,社长鼓起了掌,夸奖姚青想得很新颖、有创意,不愧为新鲜的血液,表示会安排姚青担任主要负责人。邹丽完全没有想到自己为别人做了嫁衣,等到她发言时,她说不出一句话,眼睛死死地盯着姚青,但姚青却一副没事人的样子。过了一会儿,社长的脸色有点变了,催了一会儿,老顾替邹丽解了围。

选题会结束后,邹丽想去找姚青问个明白,但她又担心没有人相信她,认为她在欺负实习生。但她越想越气,觉得咽不下这口气,决定给姚青一点儿颜色看看。趁姚青在社长办公室里谈事的时候,邹丽跑到姚青的办公桌前,把今天的报纸样板悄悄地塞进姚青的抽屉里。姚青出来后,发现样板不见了,就立刻报告社长,在报社内部进行大搜查。邹丽冷笑着站在一边,希望看姚青出丑,却没有想到报纸样板出现在自己的抽屉里。

周围的人诧异地看着邹丽,她哭也哭不出来。这时候,姚青指着邹丽,生气地说:"怪不得你刚才一直跟我说这说那的,原来就是为了把样板藏起来!我平时对你这么好,你为什么要这么对我?"

邹丽无助地望了望周围,忽然看到了姚青露出得意的眼神,仿佛在说:"小样儿,跟我斗,你还嫩点儿!"

这时候,邹丽才算真的明白,以小人之道还治小人之身是不可行的。

2

邹丽哭着跟我诉说,我同情地安慰了她,她问我该怎么办时,我跟她讲了我的故事:"说实话,刚开始进入职场的时候,我看到人与人之间的明争暗斗也十分惊讶,甚至也遭遇到过不公平的待遇,当时我跟你一样,也试图用那些尔虞我诈、钩心斗角的方法,但真的没用,反而把自己搞得很累。后来,我慢慢明白了,人与人之间的沟通不需要那么多的心机,哪怕我再精明,变得再'坏',终究只能是一个不受欢迎的人。"

我大学时实习过很多家公司,其中最深刻的一份工作是营销,这个工作让我认识了很多形形色色的人,见识到了各种各样的事情。我会观察别人,处处留心别人的一举一动。在这个过程中,我"封闭"的个性帮了我很大的忙。"封闭",不是指不善言谈,而是指我不会跟那些"不正直"的人同流合污,也不会对那些"八卦"夸夸其谈,更不会在别人的背后议论那些无聊的事。

在这个过程中,我认识了不少朋友,随时都能跟别人打成一片。旅游的时候,认识了一批驴友;打壁球的时候,认识了不少球友;健身的时候,在跑步机上也能跟别人聊很久;哪怕是去银行存钱,我也能跟陌生人成为朋友。反观自身,我觉得自己很真诚地跟别人交朋友,我会赞美别人,别人有困难我会提供帮助,在很多与自己利益相关的事情上,我也能够独善其身。

我很喜欢这一段话:有人尖刻地嘲讽你,你马上尖酸地回敬他;有人毫无理由地看不起你,你马上鄙视他;有人在你面前大肆炫耀,你马上证明你更厉害;有人对你冷漠,你马上对他冷淡疏远。看,你讨厌的那些人,轻易地就把你变成自己最讨厌的样子。这才是"敌人"对你最大的伤害。

我想,以坏对付坏,以恶制恶,未必没有效果,或许会大快人心,但这绝对不会是最好的解决方式。况且,你不一定坏得过她,不是吗?相信你得到了教训。所以,我们要学好,不要学坏。以真实的自己面对那些居心叵测的人,以德报怨,反而活得更加轻松,更加无所畏惧。

3

从踏入这个社会开始,我就看过那么多不想看到的事情,经历了那么多委屈,知道了什么是心机,什么是城府,什么是栽赃,什么是陷害,什么是隔岸观火,什么是落井下石……难过吗?愤怒吗?当然,常常也会想,为什么我这么全心全意地对待别人,不仅不能得到同样的回报,反而还要受到别人的伤害?

于是我也想用坏人的方式行走江湖,只是,我发现,哪怕我学会了所有坏人的手段,变成了一个坏人,却依旧得不到我真正想要的东西,甚至违背了我的初衷。

我发现那些时常存在防备、猜疑的心理，不能以真诚待人的人，那些时刻准备着只为自己的利益而战、不择手段的人，甚至那些喜欢背后煽风点火、令人不齿的人，他们在现实生活中根本没有多少人喜欢。

俗话说："聪明反被聪明误。"当我们费尽心思、用尽手段去得到我想要的东西时，常常会得不偿失，正所谓"机关算尽，反误了卿卿性命"。那些手段不可能一直得逞，投机取巧，固然可以取得一时的便宜，省了不少力气，但是终究还是会失败的。

换个角度看，这个世界的确有太多的虚伪，充满了狡诈和欺骗，但依旧存在着真善美，我们不能放弃对真善美的追求：当他人需要帮助时，尽心尽力地伸出援手吧；当他人无意间冒犯了你，请宽容、大度地谅解吧；当他人故意伤害你，请保全自己，及时离开，也不要因此记恨。

揭下爱情贴在你人生里的标签

1

亦舒在《我的前半生》里，写了一个叫子君的女人，她大学毕业后就嫁给自己的丈夫，生了小孩，相安无事地度过了十五年。这时，丈夫有了外遇，想要离婚。子君回头看了看自己这十五年的婚姻生活，除了消遣、娱乐、带孩子，她什么都没做，没有工作，没有经历。

韶华逝去,爱人背叛,一切要怎么收场呢?挽回吗?可是丈夫已经下定决心要离婚了,摆在面前的路,只有自己站起来,重新开始生活。这犹如涅槃重生,必然是一个痛苦的过程,需要离开舒适的圈子,打破原有的习惯,融入新的环境。但在一番挣扎过后,她终于美丽绽放,在残酷的现实里赢得自己的一方天地。

再次与前夫在街头相遇时,子君已经焕然一新了。大步流星的她,没有浓妆艳服,只穿了一件白衬衫,一条牛仔裤,拎着一个大手提袋,头发挽在后面,从头到脚,处处散发着优雅自信的气质。没有了当初的多愁善感,也没有了离别时的悲愁垂涕,子君勇敢地抬着头,走自己的路。她洒脱的背影,让前夫有了怅然若失的感觉,他突然觉得自己当初做错了选择。

2

在很多人的眼里,爱情是人生中很重要的东西。我在采访的过程中见过各式各样的人,为了爱情,放弃了自己的事业,放弃了自己的友情,放弃了自己的亲情,甚至放弃了自己的生命。当下如此,历史也是如此:顺治皇帝因爱妃去世,看破红尘,出家为僧;罗马尼亚国王卡罗尔二世为了爱情,曾经两次放弃王位,带着心爱的人流亡国外……

天哪,爱情的力量多么强大啊!可是为什么哲学家培根却说:过度的爱情追求,必然会降低人本身的价值;真正伟大的人物,没有一个是因为爱情而发狂的人,因为伟大的事业抑制了这种软弱的感情。

紫杉是我的大学同学,她长得漂亮,人也聪明,性格温柔,学习成绩又好,老师、家长和同学都称她是乖乖女。大学校园里,处处都是恋爱的气息。我问紫杉为什么不谈恋爱,紫杉说,自己的父母在入学前告诫自己不要谈恋爱,学习比较重要,她觉得父母说的有道理,所以就把所有的心思都放在了学习上。虽然不像别的女生那样甜甜蜜蜜,但紫杉也过得很充实很开心,每学期都能拿一等奖学金,每年都被评为优秀大学生。

大学毕业后,紫杉进了一家外企。刚进公司没多久,同事小林就被紫杉美丽、青春的外表吸引了,对紫杉展开了热烈的追求。紫杉从来没有谈过恋爱,而小林却是情场高手,善于甜言蜜语的伎俩。没过多久,两个人就开始交往了。但爱情的甜蜜期还没过,小林就厌倦了紫杉,觉得她不成熟,因为才交往不到三个月,紫杉就要求小林去见自己的家长,还经常提到结婚、生小孩之类的话题。小林觉得自己还年轻,还没有玩够,不能被一个女人套牢了,于是就提出了分手。

听到小林提出分手,紫杉觉得五雷轰顶,这段时间里,她全心全意地付出,几乎把自己和未来都寄托在小林身上了,结果小林提出了分手,紫杉一时接受不了,瞬间就病倒了。后来,工作也辞掉了,因为一看到小林就难过。那段时间我天天去看她,但她的意志很消沉,一跟我提起这段感情就泪流满面,整天把自己锁在房间里,茶不思饭不想,劝了很久都没有用。那段时间,她瘦到了80斤。

日子过了很久,终于有一天,紫杉醒悟了,为了一个不负责任的人,为了一段不美好的感情,如此折磨自己,又是何苦呢?于是,她开始吃饭,开始重新制作简历,开始到处找工作,把自己的全部精力投入到工作中,没过多久,就有了小小的成就。

除了工作,紫杉下班后会去健身房,也会约我聊聊天,周末的时候会和同事逛街,假期就陪陪父母,或者自己出去旅游,到处看看,放松放松心情。渐渐地,紫杉发现,即使没有爱情,日子也很快乐,也很幸福,单身的生活没有什么不好,自信回来了,久违的轻松和自在也回来了。而爱情,什么时候缘分到了,那个合适的人就会来到自己的身边。

3

就像《我的前半生》里的子君,我另一个朋友程安也离了婚,原因也是丈夫出轨。刚离婚的那段日子,对她来说简直是不堪回首,生活就像是跌入了深渊,四处都是黑的,看不到一丝光明,毫无希望。她其实想过要结束自己的生命,但当女儿喊出那一声"妈妈"时,她又燃起了对生活的希望。于是,她离开了原先的城市,那本就不是她的故乡,当初是为了追随丈夫的脚步才留下的。如今自由了,她去了云南,这是她一直很向往的地方。

后来,程安在云南找到了一份工作,如鱼得水,不仅认识了很多和自己有着相似经历的女性,也学到了很多东西。那一刻,她知道,爱情只是一个点缀,生活是自己的。

幸运的人，的确可以早早地遇到那个和自己两情相悦的人，相互陪伴着度过漫长的一生，但并不是每个人都是那么幸运的。没有爱情的日子，我们依旧可以甜蜜，可以充满阳光、充满幸福，可以更自尊、自爱、自信，可以爱自己、爱亲人、爱朋友，可以帮助需要帮助的人，去想去的地方，见想见的人，这也是一种幸福的人生。

就算没有爱情，我们也要让自己变得理智和成熟；就算没有爱情，我们也要让自己幸福；就算没有爱情，我们也能享受自由的快乐、亲情和友情的温暖；就算没有爱情，人生经历也值得珍惜。的确，爱情很重要，但懂得爱更重要。你爱你自己，那么那个爱你的人终究会来到你的身边。

4

生活的故事总能被写进小说，小说中的故事总是在生活里上演。

我曾经沉浸在鲁迅先生写的《伤逝》里，久久不能自拔。鲁迅是想告诉世间女子，无论遇到什么事情，最重要的是独立。

独立，是指有独立的经济能力，有独立的思想，如此才能独立生存。无论单身，还是已婚，甚至离异，都必须保持独立的个性。不要做依附于橡树的常春藤，要知道，橡树总有倒下的一天，一旦大树倒了，你何以依存？我们要做的是一株木棉，挺拔而独立地与他人并肩而战，共享阳光，以自己的身躯抵挡风雨。

况且,我认为爱情并不能为你的人生贴上标签,"单身""已婚""离异"等都是人生当中的某种状态,无须在意,我们应该尽情地享受人生的每一段时光。撕掉那些所谓的标签,无论是自己贴的,还是别人贴的,都不应妨碍你幸福。

没有朋友圈,你也过不好这一生

1

有一段时间,我特别沉迷于朋友圈,即使是在工作时间内,也会偷偷拿出手机看看朋友们都更新了什么。她们在养花、遛狗、烧菜、绣十字绣、出国、跳槽、晋升、读MBA……而我呢,每天上班、下班、吃饭、睡觉,波澜不惊的生活,就像白开水一样索然无味。尤其是看到别人那九宫格美照,失落感更甚,为什么别人的生活可以五彩纷呈,我的生活却寡淡如水。

一天,朋友小舞给我打电话,她问我有没有空,想约我喝杯咖啡。我说我还有稿子要写,她顿了一会儿,声音变得低沉起来:"我找你有事,想跟你聊一聊。"

察觉到电话那头的异样,我只能放下手头工作,来到跟小舞约定的咖啡馆。刚走进咖啡馆,我就看到小舞一个人坐在角落,眼睛红红的,肿得像核桃一般。

"你怎么了?"

"我老公要跟我离婚。"

我惊讶至极。小舞和她老公,几乎天天在朋友圈里秀恩爱,昨天在普吉岛度假,今天在香港购物,明天又准备去莫干山露营,羡煞旁人。而且,小舞之前跟我说过,她和老公约定了不生小孩,想去哪里几乎是说走就走,不像朋友圈里其他结了婚生了小孩的妈妈,每天只能围着孩子转。很多朋友都特别羡慕小舞,因为她可以与自己喜欢的人,过着随心所欲的日子。

"你们发生什么事情了?怎么会闹到离婚呢?"

"他家嫌弃我不能生!"

"你们俩不是约定了'丁克'吗?"

"是啊,结婚头两年,我们确实没打算要孩子,可是后来我妈催,婆婆也催,我俩抵抗不住,就想着要一个吧,可就是要不上啊。这些年,几乎天天跑医院了,前前后后没少花钱,但我就是怀不上。上个月,我婆婆急了,直接到我们家来,闹了一阵子,他就跟我摊牌了,说要离婚!"

"怎么会这样呢?你们不是天天在朋友圈晒……"我的话没说完,她就激动地打断了:"你怎么也这么弱智,朋友圈里的能当真吗?人要是能每天都活在手机里就好了。"

2

很多人,都会羡慕别人在朋友圈里的状态,去哪里旅游了,收到什么礼物了,收到了多少红包,和哪个著名影星合影了……这或许是一种攀比心理吧,大家习惯了比较——比较家境,比较学历,比较长相,比较财富……如果不能摆正自己的心态,就会在这种比较中,暗自受伤。

我们不知道的是,那些繁华与璀璨的背后也有落寞和伤感,那些看似遥不可及的生活,其实与我们普通人的生活一样,有争吵、有恼怒、有眼泪、有压力。

令我印象深刻的是曾经在网络上看到一篇题目为《快来扒网红真相》的文章,写的是澳大利亚一名年仅19岁的网红Essena O'Neill。她在Ins上有十几万粉丝,她拍的照片和视频受到了大量少男少女的追捧,之后她变得更红了,再加上颜值高、身材好,被澳大利亚最顶尖的模特公司相中,签约成为一名模特。

她真正被很多人认识,是因为她在社交媒体上上传了一段长达17分钟的视频,视频中的她没有化妆,她在视频中讲述了社交媒体背后的自己:"你们在社交媒体上看到的我不是真的我。我从12岁到16岁,花了4年的时间研究如何成为一名网红,而16岁到18岁,则在花尽心思讨好自己的粉丝。我每周都要花超过50个小时的时间泡在网络上,晒照片、发食谱、回复粉丝、做视频……我说那是我偶尔晒出的一张照片,让你们觉得这就是我随手拍的日常。其实,并不是!那明明是我费尽心思打扮了自己,花了很久的时间拍照,然后从很多照片当中选出最好的一张。我曾经上传了一张夜跑的照片,其实那一天我根本没有夜跑,我只是费尽心思拍了一张夜景照,希望得到更多的评论和赞美。还有一张比基尼照片,小腹平坦,可是你们知道我为了拍出小腹效果,已经饿了整整一天了，摆了一百多个姿势，才拍出一张。在社交软件上，我只是一个数字，当你有了10万粉丝后，你会想什么时候可以有20万粉丝。我上瘾了，我沉浸在别人对我的赞美当中，因为那太容易获得了。我以为我拥有多少粉丝，就真的有多少人喜欢我。离开了社交网络，我都不知道自己是谁了。"

之后，她删除了Ins里的2000多张照片，她表示要退出社交网络，因为她受够了活在网络里。

3

我们在朋友圈里羡慕别人的生活，却不知道那些看似风光无限的背后，也同样会有着难以倾诉的辛酸与苦涩。成人的世界里，几乎没有容易两个字。只是，人们都喜欢跟身边的朋友分享快乐的事情，想让自己看起来光鲜亮丽，而那些糟糕的事往往都会藏在心底。很少有人，会把这些辛酸和苦涩发到朋友圈。

高速发展的社会，让我们成为现代科技的俘虏。无处不在的Wi-Fi信号，人手一部智能手机，我们沉浸于快餐文化无法自拔。各类新鲜事物快速更迭，各种手机软件更新换代，朋友圈的动态更是每分每秒都在变化。为了追求虚拟世界里片刻的欢愉，我们逐渐迷失了自己。为了能够发一条引起很多关注的朋友圈，我们不惜花费巨大的时间成本，拍照、修图、编辑语言……

醒醒吧，我们需要活在现实里，而不是活在"滤镜"和"美颜"中，不要在"虚拟自我"中丢失了自己。

以你现在的实力,伯乐有什么用?

1

小时候,妈妈总教育我们要跟学习成绩好的人一起玩;长大后,妈妈又告诉我们,在职场中,要多结交优秀的人,要多结交大人物。现在想想,妈妈这样做的原因,不外乎成绩好的人会教我功课,优秀的人会给我带来不可限量的好处。

可是,后来我慢慢发现,如果我的成绩不好,那些成绩好的人并不会跟我玩;在职场中,当我只是个名不见经传的小人物时,那些优秀的人也并不会对我有太多的关注。

曾经听妈妈说过一件发生在亲戚身上的事。那个亲戚的儿子,大学毕业后找了一份工作,做了几个月,觉得工资太低了,就辞了职,打算创业。听人说,在老家做生意,关系最重要,所以他就想结交一些在政府里工作的朋友,关系搞好了,办事总会方便很多。

春节的时候,在另外一个朋友的牵线搭桥下,他组织了一个饭局,真的请来了几个在政府里上班的人。亲戚的儿子,低眉顺眼地挨个敬酒,态度特别好。这时,餐桌上有人问他:"你创业准备做什么项目啊?"他喝了一口酒,说:"还没想好呢,但不管做什么,日后肯定有用得着大家的地方,还承蒙各位以后多多关照啊。"

大家交谈甚欢,结果呢,他自己一个人在"您随意,我干了"的冲天豪气中喝得酩酊大醉,倒在椅子上呼呼大睡,怎么喊都喊不醒。最后,还是那位帮他牵线的朋友结了账,并且送他回了家。

酒醒后,他记起了昨天的事,觉得不好意思,就挨个给大家发微信,大意是说:"那天我喝醉了,有照顾不周的地方,还请各位多多包涵。改天,我再组织个饭局,你们什么时候有空呀?"结果,要么没人回复他,要么是找借口推托了,他想不明白这是为什么。

2

面对妈妈耳提面命的嘱咐——多结交大人物与和比自己优秀的人,和他们做朋友,我很想告诉她,这些的前提是我也得足够优秀啊。

想起唐朝著名诗人白居易,他16岁那一年到长安赶考,虽然有一身才华,但在当时还不够出名,因此在偌大的长安城里,并不得志。他想了想,最后决定去拜访著名诗人顾况。顾况当时是一位名士,声名远播,白居易希望得到对方的举荐,从而施展才华。

不过,顾况当时已经是地位颇高的诗人了,而白居易只是一个无名小卒。看到白居易的拜帖扉页上写着"太原白居易诗"这六个字,也没有什么客套话,原本就瞧不上这个年轻人,这下就更不舒服了。于是，顾况不屑地说道："长安米贵，居亦不易。"

这句话的言下之意很明显：我为什么要帮助一个无名小辈呢？帮助你这个无名小辈在长安城里出了名有什么意义呢？不过，这些言下之意在他翻到白居易的《赋得古原草送别》时就不见了，顾况感觉眼前一亮，特别是看到那一句"野火烧不尽，春风吹又生"时，更是激动万分，拍案叫绝。

顾况立马改口，连连称赞说："有才如此，居亦易矣！"此刻他认为白居易是值得帮助的青年，于是答应了他的求助，帮助他广交长安的名人雅士，并在仕途上助他一臂之力。后来，白居易在官场上顺风顺水，仕途一路通达，先后任秘书省校书郎、翰林学士等职。

两个人愿意来往的前提，多数时候是资源上的平等，打个比方，你手里有一个苹果，我手里有一个橘子，我们互相交换，能够尝到不同的味道，这样我们的来往才有价值。如果资源不平等，那么，至少你要像白居易一样，有潜在的才华和能力，才能吸引到优秀的人。

3

现代人总是很着急，想趁早构建一个高大上的人际交往圈，从而利用其中的资源和机会实现自己的目标。但我们是否想过，别人为什么要把他的资源和机会给我们呢？如果我们没有才华，没有财富，没有任何可以吸引到他们的东西；如果我们提供不出和对方对等的价值,那我们有什么资格和对方建立赏花喝茶的平等友谊?

如果此刻的我们一无所有,最好的方式还是凭借自己的努力一步一步地提升自己的能力,增加自己的价值。不要奢望低声下气地去获得所谓的友谊、资源和机会,也不要想尽办法、削尖了脑袋往"贵人"的圈子里钻。

以你目前的能力,结交一些和自己平等的朋友才比较实际。

朋友之间,重要的是分寸感

1

我有一个同事,叫许小茹,她属于朋友圈里的"领头羊",每天游走在各个群里,聊得不亦乐乎,因为她觉得朋友之间只有多关心、多帮助,才能换来真心对待。

有一天,凑巧是办公室里的另一个同事水水的生日,许小茹很积极,充当着联络聚餐的"负责人"。为了给水水庆祝这个开心的日子,许小茹自作主张地叫了很多同事和朋友,也定好了聚餐的时间和地点。就在下班前,许小茹收到一个好友申请,申请上写着:你好,我是水水的朋友,经常听水水提到你。

许小茹立刻同意了申请,对方很有礼貌地说:"今天在一个群里看到你在帮水水过生日,虽然你不认识我,但我以前常听水水说起你,我和水水有段时间没见了,她也没有邀请我,所以就冒昧地联系你了,请问我能否参加吗?"

"当然可以了,完全欢迎。"许小茹也没问水水,就欣然地答应了,"你今天晚上8点直接到酒店就可以了。"

在去酒店的路上,许小茹对加她的人十分好奇,她有很多问题想问那个人。聚会一开始,许小茹就联系上了他,开始问东问西,她想知道:他与水水是什么关系?什么时候认识的?为什么水水没有提过他,而他却知道自己呢?

没想到的是,这顿饭水水吃得很尴尬,虽然是自己的生日,但全程都是许小茹在跟那个男人聊天,而那个男人正是水水的前男友,但自己的老公又在场,她又不能表现出什么。其实她特别想冲到许小茹的面前,叫她闭嘴,问她为什么自作主张做这么多事情。

而许小茹呢,一直嘻嘻哈哈地与水水的前男友聊了一个多小时,但她不知道,水水已经不把她当成好朋友了。

作为独立的个体,每个人都有不容侵犯的隐私和私人空间,不能依仗着朋友的关系而大肆地侵犯他人的隐私,为别人制造麻烦。与朋友相处,不要过度热心,包办对方的一切,有时候会给对方造成压迫感,毕竟没有人愿意让别人的意志取代自己的意志,即使是亲人和朋友也不行。

2

我的大学同学孙莹,虽然学的是金融专业,但能写一手的好文章。她毕业后,去了一家科技公司做财务。因为才华出众,得了一个"才女"的称号,领导每次要写总结、提案之类的都会找到她。

有一个周末,她正在家里做财务报表,领导突然来了电话,说下午3点之前需要准备好3份不同的文字材料,要她立刻放下手里的活,及时赶出来。孙莹一看时间,现在已经是10点多了,时间有点赶。这时,她突然想起有一个朋友——毕业后去一家杂志社当了编辑,于是就给对方打电话。

对方很爽快,挂了电话马上就来了。没想到的是他又带来了他的一位朋友,在孙莹家的客厅坐了下来,一番介绍过后,他们两个就开始夸夸其谈,从世界政坛到金融危机,从甲骨文的鉴别到第四代简化字的使用,话题根本就没有断过。孙莹一面陪着侃,一面瞅着墙上的挂钟嘀嘀嗒嗒地转,心里急得像着了火一样,但又不能发作,毕竟是自己请来的人。

十一点半了,孙莹发现这两个人还没有要走的意思,心一横,问:"哎呀,都中午了,两位想吃点什么?"那位编辑朋友也不客气:"大家都是朋友,就近就简吧。"孙莹哭笑不得,只好找了一个饭店坐了下来,那位编辑朋友叫了瓶酒,越喝越兴奋,拿起电话就打,又来了三四个人。这下好了,原本是两三个人的聚会,变成了五六个人的聚会,事情并没有结束,后来又来了几个人,包厢都坐满了。

孙莹没有想到的是,自己原本只是想找朋友帮个忙,结果却在这里浪费时间。那些人一喝起酒来,根本没有时间概念,而她想到领导要求准备的材料还一个字都没有开始，实在坐不住了，找了个理由就先结账离开了。回到家后，她抓紧每一分每一秒，飞速地转动脑筋，以最快的速度、最高的效率终于在下午3点之前交上了全部材料。她长长地舒了一口气，又想起在餐馆里的朋友，打电话去问，他们居然还在喝，那位编辑朋友还问孙莹："事情解决了没有？解决的话快点来，一起喝一杯！"

大千世界中，有一类人，每天游走于各类酒场，交着不同的朋友，眼看着朋友越来越多，数量越来越大，而真正能够"沉淀"下来的却没有几个，在需要帮助的时候，把手机通讯录从头翻到尾，竟然找不到一个可以帮上忙的，这难道不是一种悲哀吗？

3

与朋友交往，就算是再亲密的关系，在隐私和经济方面，你是你，我是我，分清你我，这才是正常的友谊。与其为了金钱、隐私、利益等因素让双方的关系走到"反目成仇"的地步，彼此记恨，倒还不如一开始就把界限都说清楚了，摆正自己的交友原则，不要为了面子而违背自己的原则，明确对方的底线，也让对方知道自己的底线，互不侵犯。

当我们了解了彼此的底线后，也就不会再有牵扯不清的事了。

微微一笑，及时澄清误会

1

我的大学同学娟子性格开朗，头脑敏捷，人也很幽默，所以人缘很好。她和阿美同一个宿舍，二人平时关系很好。不过娟子这个人很爱开玩笑，虽然无伤大雅，但因为玩笑产生误会也在所难免。

有一天，阿美在宿舍里哭得很伤心，一问，原来是阿美的男朋友提出了分手，她失恋了。室友都在一旁安慰她，好不容易才安抚了她的情绪。娟子听说了情况，本想活跃下气氛，说了一句玩笑话："阿美人这么漂亮，性格这么好，她男朋友居然要离开她，要么就是没眼光，要么就是爱上了我，哈哈哈哈……"

这句话刚说完，才刚安静下来的阿美立即号啕大哭起来。原来，前段日子，娟子跟阿美一起的时候，阿美的男朋友也都在，他每次都跟娟子聊天开玩笑，显得特别暧昧。阿美有点吃醋，就跟男朋友闹，娟子知道后没有出面澄清，她觉得只要自己对阿美的男朋友没想法，就没什么关系。结果，娟子的一句玩笑话，原本的小误会就成了一个大误会。

听到娟子的话，阿美以为男友之所以跟自己提分手，就是为了和娟子在一起。她很生气，就当着室友的面说了娟子的隐私。以前娟子总是在背地里拿室友和同学的一些生活细节开玩笑，本来不是什么大事情,但阿美生气之下添油加醋,夸大其词,这件事一下子就传开了。于是,宿舍的同学都不怎么搭理娟子了。娟子也觉得无颜面对,就搬出去住了,也很少跟同学往来了。

误会是一剂毒药,一不小心就会成为感情的隐形杀手,"杀人"于无形,损人于无踪,害人于无影。娟子知道阿美误会了自己,却什么都不解释,等到真的来不及了,再说什么就晚了。因此,如果产生了误会,误会的当事人一定要马上澄清,不要让误会任意发展,万一变成大麻烦,可就来不及了。

及时澄清误会,能够让你与他人之间的感情不受到影响,有助于感情的凝聚;及时澄清误会,能够让你更有威信,赢得他人的尊重。

2

身在职场的人更是如此,与同事之间难免会产生误会,只要及时澄清了,你不仅不会失去什么,反而会得到一定的尊重。

通过读历史书,知道了郑樵这个人,不仅因为他的才华,更因为他会及时解除误会,解除他人对自己的误解。

郑樵是宋代史学家,才华出众,但性格过于正直。宋高宗听说了郑樵的才华和性格,想要让他入朝为官,但他没有参加考试,也没有人推荐他,让他为官,朝廷中肯定有人不服气。

有一天,高宗提到郑樵这个人,有几位大臣急忙出来阻拦,因为他们早就听说了高宗的想法,于是就在暗中考察这个人的学识和品德。有一个大臣说:"皇上,这个人并没有文采。有一天,我坐着轿子,到了他家门口,出了一道题目,摆了百两赏银,但他没有出来应考,这个人胸无点墨啊。"

另一个大臣说:"没有才华也就算了,他的品德也不行。有一天,我看到他把一个老妇人扔在河边而不顾,不够孝顺,没有资格做父母官啊。"

高宗听到这,觉得很惊讶。于是,他让人把郑樵带来,复述了两位大臣的话。郑樵一听,义正词严地说:"谁说我不会百两题文的?"说着就应高宗的要求,当堂念读自己的文章。高宗听完后,疑惑地问:"这么好的文章,为什么不参加科举呢?当日又为何不出来应考?"

郑樵严肃地说:"我好文,可为什么要为了百两赏银而作文呢?河边那一日,我身无分文,不能乘船,所以只能把母亲留在岸边,我自己游到河对岸的山上去采药,医治我母亲的病。"听到这里,大臣们都十分佩服、赞赏,高宗也很高兴,当场赐给他一个官职。

既然是误会,又有什么不好意思澄清的呢?郑樵及时解除了大臣们对他的误会,不仅获得了满堂喝彩,还让自己获得了机会。

3

根据我的经验,误会之所以产生,很多时候是因为当事人不说、不解释,可能是为了面子,可能是觉得没必要。但如果误会不及时澄清,误会就会越来越大,矛盾就会越积越深,直到激化,最后成为自己在职场中的绊脚石,在生活中会闹得自己不愉快。

在职场中,难免会与同事产生误会,你不解释,这个误会如果再继续乱传,也许就成了事实了,自己也将陷入更大的旋涡当中去。

古希腊有一个寓言。有一头驴和一只蝉是好朋友,蝉唱歌很好听。驴呢,想学唱歌,但是,蝉不知道怎么教驴唱歌,驴只好自己偷学。有一天,它注意到一个细节,蝉每天只喝露水。驴看到这,以为只要每天都喝露水就能唱歌,于是驴就学着蝉一样,每天喝露水充饥。蝉知道了,觉得驴误会了自己,但它也没有解释,没过几天,驴就饿死了。蝉失去了好朋友,又痛苦又后悔。

这个寓言里有很多误会,蝉不知道怎么教驴唱歌,驴以为蝉不肯教,这是一个误会;驴看见蝉每天只喝露水,以为只要每天喝露水就能唱歌,这又是一个误会。蝉从未澄清过这些小误会,酿成了悲剧。由此可见,小误会应该及时澄清,不要让原本不必要的误会激化升级成不可调和的矛盾。

五

最怕你藏着掖着,还安慰自己得过且过

高情商的人，都是怎么拒绝别人的？

1

电影《私人定制》里，结尾有段很有趣的采访。

记者问："如果你有十亩地，你愿意把五亩分给别人吗？"

杨重答："愿意。"

记者问："如果你有两幢别墅，你愿意把其中一幢分给别人吗？"

杨重答："愿意。"

记者又问："如果你中了100万元的大奖，你愿意把50万分给别人吗？"

杨重答："愿意。"

这时，记者问了最后一个问题："如果你有两辆车，你愿意把其中一辆给别人吗？"

杨重答："不愿意！"

记者疑惑地问："为什么呢？地、别墅、钱，你都愿意，怎么车你反倒不愿意了呢？"

杨重认真地回答："我真的有两辆车。"

这在一定程度上说明了人在许诺时的本质，面对越是不可能的事情，就越容易答应，因为越是不可能的事情，大家都知道是办不到的，只是嘴上说说而已。如果是一件有可能办到的事，许诺的人可就要好好想想其中的利害关系了。这就好像热恋中的男女，谈恋爱时，男人总能许下各种各样的诺言："我爱你，我愿意把月亮摘下来给你，我愿意把星星穿成一条项链送给你。"如果这时候，你真的开口要一条钻石项链，他可能就没有那么轻易答应了。

不过，我要说的是，当女友提出要一条钻石项链，如果你考量了经济状况后觉得不行，就直接拒绝了，那么女友可能会生气："你不是说你爱我吗？月亮和星星都愿意摘，为什么一条项链就不行了？你到底爱不爱我？"一旦话题进行到这里，可就麻烦了。

由此可见，拒绝是一门艺术，直接拒绝很可能会伤害彼此的感情，那高情商的人一般都怎么拒绝呢？

2

我很喜欢侦探小说《福尔摩斯探案集》。该书作者柯南·道尔在第一次把改编权卖给"戏剧界的拿破仑"弗罗曼时，提出了一个条件：改编可以，但戏里的福尔摩斯不能谈恋爱。弗罗曼当时没有跟柯南·道尔争执，点头说定会竭尽全力，不过在后来的剧情里，为了迎合观众的心理，弗罗曼还是加了一些关于恋爱的浪漫故事，效果还不错。一年之后，弗罗曼与柯南·道尔见了面，柯南·道尔非但没有责怪弗罗曼，反而表示，戏里的故事还可以再浪漫一点儿。

弗罗曼对此十分感谢。日后谈到此事时，他说幸亏当时没有直接拒绝柯南·道尔的条件，要是固执己见，事情一定会弄僵，改编权就不一定能拿到手了,演出也不一定能这么成功。

在许诺时,"模糊表态"的方法可以应付一些复杂的请求。

模糊表态,就是采用恰当的方式,大多是使用巧妙的语言,对别人的请求做出间接的、含蓄的、灵活的表态,最大的特征是不直截了当地表明自己的态度,这样能有效避免与对方短兵相接,给自己留有回旋的余地。

现实生活中的很多问题不会在一开始就特别明朗,需要一段时间之后事实的真相才会慢慢显露,事态才会慢慢地发展和变化,我们才能够拿主意。如果在一开始就答应了,等到事态逐渐发展,形势发生了变化,再反悔就会很尴尬。要知道,"君子一言,驷马难追",这不仅会影响自己的威信和声誉,还会对人际关系造成不可估量的伤害。因此,模糊表态能够给自己带来一个仔细考虑、慎重决策的余地。

模糊表态的作用还在于能够给提出要求的对方带来一些希望,稳定对方的情绪。那些对你提出要求的人,大多数都会在提要求时抱有希望,期待事情能够圆满解决。如果直接遭到了你的拒绝,他们可能会过度失望和悲伤,从而心理不平衡,情绪不稳定;而如果你满口答应了,却没能完成,则会让对方产生心理落差,认为你言而无信。这时候,如果你不把话说满说死,对方一方面会觉得事情还有希望,一方面也会做好失败的准备。最后如果事情圆满解决了,他会觉得更惊喜,而如果事情没有解决,他们也不会太失望。

模糊表态在社交中很常用,也很有效。

3

不过,并不是所有的事都适合"模糊表态",有些需要你明确表明态度的事,如果你含糊其词,则会给人一种不靠谱的印象。那么,在什么样的情况下,我们要模糊表态呢?"模糊"的分寸又是什么呢?

任何事情的发展变化都有一个过程,有些事情甚至会经历相当长的演变过程。当一件事处于变化初期,实质性的问题尚未明朗,我们很难立刻判断出它的好坏、利弊,这时候宜用"模糊表态"的方法,慢慢观察、了解和研究,切忌贸然行事。

如果在那种情况下,你必须有所表态,那最好是"模糊"地表态,你可以说:"这件事看上去比较棘手,让我们先观察观察再说。"这样,不把话说满,给自己留下回旋的余地。

在生活当中,我发现有些经验丰富的人,几乎把"模糊表态"发挥得淋漓尽致,他们用几句极具幽默的话,如一则小故事,或者一则笑话,让对方去思考,这在交往的初期很实用。

办公室里的同事小李性格内向,报社里女生居多,她很少接触到其他男性,后来经过亲戚介绍,她认识了小王。初次见面,双方都对彼此有好感,他们聊得很愉快。聚会马上要结束了,下一次的见面是什么时候,双方都还在试探阶段。分别时,小王说:"我对您的印象挺不错的,不过这还是初步的,有待以后进一步了解。"

小李微笑着回答:"真巧,我和您的感觉是一样的。"

小王和小李的态度其实都是模糊的,一方面表达了交朋友的意愿，另一方面给自己留下了回旋的余地。

同样是相亲，小丁却经历了完全不同的遭遇。她和男生初次见面时，那个男生瞄了一眼，直接说："我不喜欢你这种类型的姑娘。"小丁很是尴尬，起身就走了。听到这，我不禁觉得那个男生，无论是表达的方式，还是表达的内容，都缺乏艺术性。

在把握不大的情况下，话要说得灵活一点儿，留有回旋的余地，尽量多使用"尽力而为""尽最大努力""尽可能"等有较大灵活性的字眼。对自己不能独立解决的问题，也就是需要谋求别人的帮助的事情，你在做出承诺时，一定要用有较大灵活性的字眼。举个例子，你可以说："如果你的条件、要求……符合相关政策法律，而我又帮得上，我一定帮忙。"诚意十足，而且又很灵活，同时也表明了自己的难处——我也要求人。

4

很多时候，出于各种各样的原因，除了采用"模糊表态"之外，我们还可以先答应下来，之后再给他一个交代，就像弗罗曼先答应柯南·道尔，再用演出效果给他一个交代一样。

举个例子，有一天你的亲戚为了给自己的孩子找一份工作而找到你，希望你能够帮忙，实际上你没有办法帮上忙，这时候该怎么办呢？如果你一口回绝，亲戚可能认为你不肯提供帮助，从而记恨你，与你关系僵化。这时候最好让对方相信，你会尽心尽力，但很多事情不在你的控制范围内。

比如,你可以请对方提供一份简历,包括毕业院校、所学专业、兴趣特长和思想表现等内容,那你的亲戚会认为你是打算帮忙的,接着你再诚恳地说:"您别客气,我会尽力而为的。我明天就拿着这份简历去找人,过几天您再来,好吗?"

几天后,你应该在亲戚还没有上门之前就去拜访,或者打个电话,说:"叔叔您好,我这几天已经为您的事跑遍了,第一个单位可能没什么希望了,第二个单位说要再研究研究。"

又过了两三天,你可以主动去找亲戚,真诚地说:"真对不起,您托我办的事目前落空了,我找了所有我认识的人,好话说了很多,但是……再等等吧,等以后有机会吧。"

尽管你没有帮上忙,亲戚也会感激你,而你也有效地摆脱了为难的事。

拿破仑曾经说过:"我从不轻易承诺,因为承诺会变成不能自拔的错误。"

我曾经有过一个疑问:当朋友来找我们办事时,有时候我们不好意思拒绝,但实际上这件事不该答应,我们要怎么做呢?直到有一天,我看到一句话:"我们需要在聆听别人陈述和请求完毕之后,轻轻摇摇头,而态度并不强烈。"轻轻地摇头,就代表了否定,朋友看到我摇头,就知道我已经拒绝了,接着我再说出拒绝的理由,朋友也就能接受了。

当然,拒绝的理由必须充分,要让朋友切实体谅到你的苦衷,不要让他认为你在敷衍他。

请不要再当无名英雄了

1

我之前采访过一个叫小刘的销售,他任职于一家小家电公司,由于他们的产品都在乡镇销售,所以在乡镇地区的影响力很大。那时,国家有家电下乡的政策,买家电有补贴,所以产品的销量在南方某乡镇一直很不错。不过,不知道为什么,到了下半年,那个乡镇的销售量大幅度下降,公司领导很着急,于是派小刘去考察情况。

小刘去了一个星期,过程颇为辛苦,得出的结论不是很乐观。回到公司后,他没有直接向领导汇报,而是先去公司的相关部门了解了一些数据后,才敲响了领导办公室的门。

"情况怎么样?"领导急忙问道。

小刘来之前,故意没有换衣服,显出一副风尘仆仆的样子。对于领导提出的问题,小刘没有急着回答,而是先喝了桌子上的水,一边喝水一边叹气。

领导看到小刘的神情,感觉事情不是很乐观,他想知道最糟糕的情况,就换了一种方式,问:"我想知道情况糟糕到什么程度了,我们还有挽回的余地吗?"

"有!"小刘干脆地回答。

"太好了!"领导的脸上露出了一丝微笑,"来,小刘,谈谈你的看法!"

小刘喝完了水,开始向领导汇报他了解到的情况:"我这次出差,主要考察了9个乡镇。这9个乡镇,以前是订购量最多的,经过了解,我认为现在订购量大幅度下降,主要原因出在宣传上。有一次,一个客户使用了我们的小家电,因为使用不当,家里着火了,虽然没有造成严重的后果,但是当地的报社报道了这一情况,有一些网民就在网上大肆宣传,造成了不利的影响。公司的宣传部门认为这是一次小事故,便没有足够重视,最后导致乡镇的很多客户抵制公司的产品,因而取消了订货计划。"

"怎么会有这样的事?"领导着急地问,"你觉得我们还能挽回吗?"

"可以的。"小刘肯定地说,"考察之后,我仔细研究了媒体报道的那次事故,以及许多网友的言论,发现不是我们产品的质量问题,而是用户使用不当才造成了事故。也就是说,如果用户能够正确使用小家电,事故是完全可以避免的。我也仔细问过了,那几家代销商对我们产品的评价还是很不错的。我认为我们应该通过他们联系当地的媒体,并解释那次事故的原因,同时,我们还可以下乡举办一个用户见面会,针对小家电的质量问题进行一些说明,这些不利的影响会逐渐消除的。"

领导满意地点点头,说:"非常不错。你不仅找到了这次销量下降的问题所在,还想出了解决的办法。我觉得你提出的办法很不错,这件事就交给你全权处理吧。"

"好的。"小刘信心满满地说。

经过小刘的努力,这次危机完美地化解了,乡镇居民消除了对公司的产品的误解,而小刘因为出色的工作能力,得到了领导的认可,被公司当成重点培养对象。

2

报社这几年,除了坚持纸质发行外,也顺应时代潮流,发展线上发行。为此,报社招聘了一个技术出众的程序员李浩。他是国外留学回来的"海归",回国之前,曾经就职于美国的一家大型公司。在报社里,李浩的专业背景、资历、能力等是数一数二的。不过,奇怪的是,与他在同一个部门的同事,能力没有他强,但都加了好几回薪了,甚至比他晚来的同事也已经升职了,而这几年,李浩还在原地打转。

李浩感到很困惑,他反思自己是不是和社长的关系不好,但他每次见到领导都会热情地打招呼,和同事的关系也不错,按理说,应该不会有人找他的麻烦。他不甘心,就向老顾请教,老顾语重心长地说:"你做了什么工作我都不清楚,你觉得社长会清楚吗?"听到这,李浩恍然大悟,原来他失败在"自我推销"上,他只知道埋头工作,却没有让社长看到自己的能力。

知道原因后,李浩仿佛换了一个人。他积极在公司同事面前树立个人形象,聊天的时候会说一说自己的工作进展,在各种场合表现自己。同事们遇到了无法解决的技术问题,李浩都能轻易搞定,获得了大家的一致好评。有了肯定,李浩的斗志被激发了,接连实现了几次技术创新,得到了社长的肯定和嘉奖。

以前,在领导出席的场合,李浩总是光听不说,十分低调。现在他变了,总是会积极地站起来,说说自己做了些什么,进展到了什么程度。李浩得到了社长的关注和支持,有了更多的机会参加团队项目,也刷新了领导对他的认识。

经过这段时间的努力,社长对李浩的评价有了很大的转变,他认为李浩是一个稳重、有能力的可塑之才,于是将李浩作为重要的技术人员派出培训学习。三个月后,李浩被任命为部门主管。

通过李浩的经历,我不禁感叹,一个有才华但深藏不露的员工,和一个众人眼中的"绩优股"员工,在职场的待遇竟有如此大的差异。很多时候,如果一个人想在职场当"无名英雄",不好意思表现自己,只顾埋头干自己的工作,那么,他很可能会做很久的默默无闻的小职员。

3

大抵是受到了传统保守思想的影响,我们不仅不愿意主动表现自己,还会打压那些爱表现的人。可是,爱表现并不是一件坏事,仔细观察,你会发现,在职场中,那些经常参加学习和培训的人都是奖金和福利拿得多的人,在年会上,也是他们受表扬最多……之所以会这样,是因为他们做出了有目共睹的优秀业绩。

公司之所以隆重地表扬那些优秀员工,不是因为他们做出了不可代替的成就,而是公司希望让这些"标兵"的事迹能激励别人,让更多的优秀人才站出来,为公司创造大的价值。在这个层面上,公司并不欢迎"无名英雄",他们更喜欢爱表现的员工。挖掘一个优秀的人才，带动一大拨普通员工的积极性，最终受益的是公司。

通过员工的表现，领导可以发现他的不足之处，从而帮助他改进，给他规划更合适的发展道路。

身在职场，"低调"有时候是一个陷阱。职场即战场，无论是风平浪静，还是暗流涌动，想要往前进一步，都是非常困难的。想要取得职场上的进步和成功，就不能默默无闻。要知道，战场上不需要"无名英雄"，需要的是轰轰烈烈往前冲的战将。

自己做了什么，就要让领导知道你做了什么。这样，自己付出的劳动才会得到最公正的对待，不然在领导的眼中，你可能只是一个不求上进的普通员工罢了，随时可以被他人取代。

该出手时就出手

1

小非上大学是学生会的会长，各方面都很优秀，毕业后在一家对外贸易公司工作，工资高，工作也很轻松。从小到大，她的人生之路非常平坦，没有经历过大风大浪，不过她自己可不满足，她一心想要做出一点成绩，以此证明自己的能力。

有一年，公司想要拓展业务，领导在会议上指出，想让一个经验丰富的老员工到华南地区建立一个新的市场拓展点，打开华南市场，而公司会在背后提供一些人力和物力的支持，希望公司的老员工能够踊跃报名，积极参与，虽然苦了点，但很能锻炼人。只是，大家都很清楚，到一个陌生的城市从头开始，谈何容易啊？更何况，老员工在公司已经根基稳定，谁还愿意去受这份罪呢？所以，当领导提出这个建议时，老员工们都低下了头，没有主动请缨的意思。领导有点失落，就看了看刚进公司的新人们。他的眼睛巡视了一圈，新人们都逃避似的躲开了领导的眼神。就在这时候，小非举起手，激动地说："报告，我想去。"

"但是，你……"领导犹豫地看了小非一眼，小非站起来，抢着说："我会努力把事情做好，打开华南市场。"

由于小非是唯一一个报名的，又出于对新员工的考验，领导同意了小非的要求。下班后，小非的心里有了担忧，自己什么经验也没有，能成吗？刚刚好像有点冲动了？不过她又想了想，这家公司的老员工很多，如果要待着熬资历、熬年头，那得熬到什么时候啊？既然如此，还不如主动出击。

出于对小非这位新员工的照顾和赏识，公司给她制定了一套严谨的工作方案，并在后方提供咨询服务。在新的城市中，小非不停地奔波、忙碌，费尽心思地向目标客户介绍公司的产品。慢慢地，小非赢得了客户的信任，顺利完成了公司交给她的任务，而她也凭着勇气和刻苦工作的精神获得了领导的赏识。过了一个月，她直接被任命为区域经理。

经过三个多月的艰苦奋战，小非终于在华南地区建起了一个小有规模的市场拓展点，而后，她又破例被公司提拔为部门副经理。同时，最让小非开心的是，在开展这项工作的过程中，她增长了见识,提高了能力。

每个人都习惯在自己熟悉、擅长的领域做事,就因为这个"习惯",大家不敢跳出舒适区,所以那些有能力的人不敢轻易尝试新的东西,怕失败了被人嘲笑。有一句话叫作"攻击是最好的防御",这句话不仅适用于战场,职场也同样适用。因此,当职场中出现了新的挑战,不要逃避,要正视它,说不定它会给你带来新的机遇。

2

小燕在大学学的是广告专业,毕业后去了一家广告公司做文案。大学的时候,她很低调,绝对不会主动地接受挑战。工作后,她看着同事们为了名利争来争去,认为只要做好自己的本职工作,踏踏实实做事,就能一步一步往上走。可很多时候,大家都想不起这个人来。

小燕所在的广告公司,有一部分业务来自韩国,而小燕大学时就选修了韩语课,并且考取了等级证书,不过她自己从来不说,面试的时候也藏着掖着,所以公司的人都不知道她会韩语。工作了几年,小燕的薪水没变,职位不变,几乎没有任何发展。

有一次,韩国客户传了一份合同过来,但公司的几个翻译都去接待客户了,主管头疼不已。小燕看到了,轻声地说:"我学过一点点韩语,如果不是特别难的话,我可以试试。"主管很高兴,连忙把合同递给了小燕,小燕翻译完了,主管笑了笑:"可以啊!"小燕笑了笑,也没有再说什么,就走了。这件事就这么过去了,小燕也没能引起主管的注意。

又有一次,公司与一家中韩合资的公司洽谈一项业务,对方来了十几个人,主管觉得两三个翻译不够,就把小燕带上了。到了会晤地点,主管带来的几个翻译,几乎都是一人接待两个客户,但还是忙不过来。小燕会说韩语,也能听得懂,但主管不点名,她也不敢开口,看着忙乱的场面,她犹豫不决,最后实在不忍心,就豁出去了,想着能帮主管解解围,帮助公司顺利洽谈。于是,小燕主动请缨,走到了客户中间,用韩语与他们亲切地交谈,双方谈得非常融洽。最后,顺利地签下了合同。

经过这件事,主管对小燕的能力有了新的认识。回到公司后,小燕调入了业务组,负责对接韩国公司的业务。在业务组,小燕充分发挥着自己的能力,并作为公司的重点培养对象,去韩国受训了半年。由于她的努力和善于把握机遇,最后也成功地升了职、加了薪。

机遇来自工作中的每一次努力和挑战。因此,面对工作中的每一项任务,无论难易,我们都要认真对待,竭尽全力去完成。一个能主动要求承担更多责任或有能力承担责任的员工,是领导最需要和最喜欢的人才。大胆迎接挑战,你不仅能够学到很多东西,还能够得到很多回报,把自己的优势变成未来的机会。

3

其实有些员工的能力很不错,但由于他们缺乏挑战的勇气,面对那些具有挑战的工作和任务时,就选择能躲则躲,生怕别人觉得自己在出风头,又或者怕自己完成不了,所以从来不敢主动迎接挑战,自然也就没了出头之日。终其一生,只能平平庸庸。

做普通人,其实很容易,安安稳稳地过日子,衣食无忧,在"舒适圈"里"如鱼得水"。不过,要想成为千里马,则需要拿出与众不同的东西,让伯乐发现并进一步挖掘。

人生,就像是一场比赛,要想获得成功,必须努力奔跑。真正能够进入观众视线的,肯定不会是一个循规蹈矩的参赛者,而是一个有能力、敢于表现自己的参赛者。

因此,在职场中,不要不好意思,不要藏着掖着,要勇于展现自己的才华,做出优秀的业绩,或者主动提出不同的想法,让领导知道你是有想法、想做事的人。

当然,接受挑战也有风险,成功和失败的概率各占一半,高难度的工作自然也伴随着高风险,但值得肯定的是敢于挑战的精神。如果你顾虑重重,畏首畏尾,就永远不可能成功。

有时候,"利用"并不是一个贬义词

1

很多人,都不喜欢被背叛,不喜欢被利用,但是,换一种角度想,或者有些"乐观"地想,我们能够被别人利用,正证明了我们的价值。反之,如果在别人的眼里,我们没有利用价值,那别人自然就不会来利用我们。所以"利用"两个字不一定都是贬义的。

曾经读过一句话:"人际交往是要有理由的,这个理由是,交往能够带来物质或精神上的帮助。你如果无法给他人带来什么帮助,那么你必然是孤独的、无助的。如果你只会给他人带来负担或麻烦,甚至带来灾难,那么你一定会成为他人极力躲避或攻击的对象,甚至成为他人不共戴天的敌人。"一开始,我其实不赞同这个观点,觉得很功利,但在日后的成长中,却觉得这个观点有一定的道理。

2

有一天,老顾跟我聊天时说起他的儿子顾城。顾城长得很帅,仪表堂堂,在美国学习经济管理,专业知识也是一等一的好。他的性格也很好,再加上外语能力很棒,一回国,就被一家上市公司录用了,担任总裁助理。不过,这家上市公司的总裁是个"土财主",工作了一段时间,顾城发现自己学的知识在这里根本行不通,他也有点看不上总裁,一来二去,总裁对他也不是很满意,直接把他调到销售部门当业务员,工资也降低了。

顾城很不开心,跟老顾说要辞职,老顾说尊重他的决定。就在顾城交接工作的那几天,总裁突然遇到了一桩跟美国人打交道的生意,总裁立马找了个翻译,翻译的能力自然毋庸置疑,可一旦涉及专业知识,翻译就无能为力了。总裁这时候想到了顾城,急忙去找他。

顾城接到总裁的电话,一开始并不想去,他觉得总裁是在利用他的能力,有些气不过。这时,老顾说:"我认为你应该去一次。别人利用你,说明你有被利用的价值。现在这个时代,我觉得'利用'这个词已经不是贬义词了,能够被利用,是一个职场人能够在职场存活的最根本原因,这是一件值得庆幸的事。你可以让总裁看看,不用你,是他的损失。"

顾城接受了老顾的建议,代表公司去谈判,合同很顺利地签订了,而且一签就是十年的合作合同。之后,顾城的发展顺风顺水,他实现了自己的抱负。

3

在职场,很多员工都会有"被上司利用"的感觉,觉得上司是在"利用"自己的能力去帮公司获取更大的利润,但"被利用"的员工也得到了自己想要的,获得了更多的经验和技能。要知道,利用从来都不是单行道,而是双向的、相互的。

如果一名员工在领导的眼中已经完全没有了可以利用的价值,那么他面临的将是失业。职场是残酷的,我们要想保住自己的饭碗,获得一定的薪水和职位,就要认清自己的长处和短处,不断提升自己的"被利用价值"。

在生活中,也是如此。说得温和一点儿,这个世界是一个互相帮助的世界,你帮了我,我也帮了你,我们各取所需,各有所得。

六

这个世界正在惩罚不思变通的人

没有方向，你还一个劲在原地转圈干吗？

1

我看过一个很有趣的心理实验。一位心理学家组织了3组人，让他们分别向着3个村子出发。这3个村子都在10公里以外，但参加实验的人都不知情。

第一组人，不知道路程有多远，心理学家在出发时说："你们只要跟着向导走就行了。"走了3公里，就有人开始叫苦；走到5公里，有人就坐在路边说不走了；越往后走，人们的情绪就越低落。

第二组人，知道村庄距离自己有多远，不过这一路都没有里程碑，只能靠平时的经验估算行走的距离。走到5公里的时候，大家都在讨论已经走了多远，一个计算了时间和路程的人说："大概走了一半了。"随后一群人又簇拥着往前走。大概走到8公里的时候，大家的情绪变得低落，觉得累坏了，不过当听到有人喊"快到了，快到了"，大家又立刻振作了，加快了脚下的步伐。

第三组人，不仅知道村子距离自己有多远，而且这一路每隔一公里就有一块提示牌。大家一边走一边看着提示牌，每次看到一块提示牌，都会欢呼雀跃一会儿。在这个过程中，他们一路唱歌一路欢笑，情绪高涨，感觉好像没过多久就到达了目的地。

通过这个实验,不难看出,当人们的行动有了明确的目标,并且会把自己的目标与行动加以对照,从而清楚地算出自己与目标之间的距离,那么人们就能保持动力,自然也就能够克服在行进过程中的一切困难,为达到目标而努力。

2

有这样一个寓言故事。

在一个村子里,住着一匹马和一头驴子,它们是好朋友。马每天负责为主人拉车运货,驴子的工作就是在屋里推磨。等到工作结束了,它们就约在一起谈谈心。后来,这匹马被一个商人选中了,要去一个遥远的地方运输货物,而驴子就被留在了村子里。

过了五年,这匹马跟着商人走过了沙漠丘陵,历经千辛万苦,终于回来了。有一天,马和驴子见到了面,马谈起了旅途中的经历,感叹道:"浩瀚无边的沙漠、高入云霄的山峰……我那时候觉得世界真大真精彩啊!"

驴子听到后,不禁惊叹:"天哪,你走了这么遥远的路程,我简直连想都不敢想啊!"

马停顿了一会儿,说:"其实,这几年,我们走过的路程是差不多的。"

驴子觉得不解,问:"那为什么我觉得自己在原地踏步,而且也没有像你一样增长见识呢?"

马语重心长地说:"你想,我跟着商人在外行走的时候,你每天不也在推磨吗?我们之间唯一不同的是,我有一个虽然远但确定的目标,始终按照一个方向在前进,所以我在走路的同时也打开了眼界。而你呢,一直围着磨盘原地打转,所以你才没能走出这片狭隘的天地啊。"

在职场中,其实有很多像驴子一样的人,他们没有明确的目标和长远的计划,总喜欢得过且过,总觉得到时候再说吧,这导致他们永远被成功拒之门外。一个人,必须先树立目标,再根据目标制订计划,才有前进的方向,才有可能成就大事。

3

因为买保险的缘故,我认识了一位名叫阿泽的推销员。通过了解,阿泽业绩出色,他希望自己能够跻身公司业绩排行榜的前几名。不过他说,前几年这只是一个藏在心底的愿望,他也没有真正去争取过。直到有一天,他在看书时,读到一句话:"如果让愿望更加明确,就会有实现的一天。"

读完后,阿泽大受启发,他当晚开始设定自己期望的总业绩。原本计划是半年内提高5%,结果半年后,提高了10%,他受到了鼓舞,激发了斗志。于是,每隔一段时间他就给自己设立一个目标,而且总是以具体的数字作为目标。

阿泽最开始的目标是具体的业绩,后来就扩大到职位、年收入,以及想具备的能力。为了达成这些目标,他把所有客户的资料都记录得非常详细，在相关的知识积累方面取得了很大的进步。终于在某一年的末尾，他成功跻身公司业绩排行榜的前五名。

阿泽还跟我分享了他的反省："以前，我不是没有考虑过要提高业绩，提升自己的工作能力，不过呢，我总是这样想想而已，从来没有去付诸行动，果不其然，我所有的愿望都落空了。但是自从我设立了明确的目标，并且为了实现目标而设立了具体的期限和数字后，我感觉有一股强大的动力鞭策我去完成它。而且，我发现，目标越明确，我越能感觉到自己对达成目标有强烈的信心。"

在平常的生活和工作中，我们每个人都会有自己的目标。实现目标的最关键之处不在于目标有多大，而在于我们如何把大的目标细小化、具体化，变成一个个切实可行的小目标，逐一实现后，你一定会感受到实现目标的喜悦。

再过10年，你还能跟得上这个时代吗？

1

我曾经听过一个传说，在浩瀚无际的沙漠深处，有一座埋藏着许多宝藏的古城，就像《藏地密码》中描绘的一般，想要获取宝藏，必须经历九九八十一难，穿越没有人烟的沙漠，打败数不尽的敌人。

有一位勇士,被宝藏吸引了,决定去寻宝。为了防止在返回时迷失方向,这位勇士每走一段路就会做一个非常明显的标记。皇天不负有心人,眼看着穿过沙漠,古城就在眼前了,勇士却因为过早兴奋而掉进了布满毒蛇的陷阱。瞬间,勇士就被毒蛇吞了。

过了几年,又有一名勇士被宝藏吸引,前来寻宝。一路上,他看到前人留下的标记,心想,既然留下标记,就肯定有人走过,而且这个人也是安全的,那么沿着这条路走肯定没错。于是,他就按照这些标记一直走,最后也落进了那个布满毒蛇的陷阱,成了毒蛇的美餐。

很多勇士去寻宝,都没有安全回来。后来有一位智者走进了沙漠,也看到了之前的勇士留下的标记,但他对这些标记抱有怀疑的态度,如果这些是对的标记,那么,那些寻宝者怎么都没有安全返回呢?于是,凭借着自己的智慧,智者决定重新开辟一条道路,他走的每一步都是经过深思熟虑的。最后,智者终于战胜了重重险阻,到达了古城,获得了宝藏。

2

这个世界是瞬息万变的,改变并不可怕,可怕的是总认为万事不变。

当下,有很多人在做决定的时候,最先凭借的是过往的经验,但在这个飞速发展的时代,快速的应变能力才更重要。前人以过来人的姿态告诉你:"兄弟,五年前的时候,我这么做,就获得了成功。"可是,都已经五年了,五年之间很多事情都发生了变化,以前适用的方法现在不一定适用。

我认识一个做自媒体的姐姐,姐姐说她走过很多弯路。一开始,她招聘的都是一些从事过纸媒的员工。她认为这些人有丰富的经验可以借鉴,但是在用人的过程中,她发现,这些人死死地守住以前的规则,不敢向前跨一步,他们墨守成规,抱着一切规则不肯改变。

后来她决定不再用有经验的人,转而招聘热爱文字、有激情和创意、懂得变通的人。姐姐对我说,威胁我们生存环境的不是日益进步的科技,而是自身的保守和懒惰。真正成功的人,绝对不会墨守成规,他们知道敏锐的洞察力和快速的反应能力才是事业成功的关键。

因此,我们不能干坐着等着未来,而应该主动出击,为自己争取一方天地。毕竟我们谁都不能保证,再过10年,自己还能跟得上这个时代。

3

很多人都觉得那些已经成功的人,一定拥有绝顶的智慧,其实并不是这样。那些事业有成的人,也是一般人,只不过他们有创造力,而产生创造力最关键的一点在于是否能够抓住转瞬即逝的机会,并善加利用。

不可否认的是，经验在很多时候都有其宝贵之处，但这并不意味着我们可以把昨天的经验套用在今天的事情上，或者把他人的经验套用在自己的身上。对待宝贵的经验，我们应该吸收其中的精髓，再根据自己的实际情况探索出一条适合自己的道路。

凡事依靠经验，会让我们的头脑变得懒惰，不愿意跳出舒适圈，不愿意跳出固定的思维模式，因而不能客观地看待问题。俗语说："穷则变，变则通。"当我们遇到困难时，不要被现有的经验所拘束，而应该保持一种"跳出三界外，不在五行中"的态度，挣脱经验的束缚，重新面对现实，才有可能想出新办法，才有可能解决问题。

做事没条理，就别想把蛋糕做大

1

有一次，我采访一位企业家，他说，与人合作时，会遇到两种人。

一种是性子急的，不管你在什么时候遇到他，在哪里遇到他，他都是风风火火的。如果想约他谈合作，他只能拿出一两分钟的时间，只要超过五分钟，他就会时不时盯着手表看，似乎是在告诉所有人他的时间很紧张。他的公司呢，业务做得很大，不过支出也很大，他没有条理，什么事情都要到了眼前才去做，工作安排毫无秩序。他的办公室也永远一团糟,如果要找东西,估计得翻一天,而他自己做事,也总是被杂乱的桌面干扰。

另外一种呢,完全相反,他淡如止水,做事有条理,几乎没有人见过他忙碌和慌乱的样子。如果跟他谈合作,他总是彬彬有礼的。他的公司做得也很大,而且管理得井井有条。他每晚离开公司前,都会整理好自己的办公桌;他业务上的每件事,都处理得清清楚楚。这种凡事讲究条理和秩序的习惯,影响了公司的每个人。

或许,这两种人的公司在业务上没有什么不同,但这位企业家说,他更愿意跟第二种人合作,因为他的工作井井有条,与他合作不会浪费时间。

2

做事没条理,是很多人失败的原因。

有一个年轻的猎人,背着一把擦得锃亮的猎枪,带上了充足的弹药,打算去森林里打猎。他的父亲劝他:"你应该先把弹药装在枪筒里,不然会来不及。"但年轻的猎人自以为是地认为:"我到达森林要一个小时,就算我要装100发子弹,也有的是时间呢。"于是,他背着一把空枪出了门。

还没有走到森林,路过一个池塘,水面上密密麻麻地浮着一群野鸭。猎人看到了,初步估计他可以打中六七只,够他和家人吃一个礼拜了。这时候,他想起自己的猎枪是空的,于是匆匆忙忙开始装子弹,虽然动作很轻,但野鸭还是发现了,瞬间飞得无影无踪。猎人看到这一幕，低吼一声："糟糕！"

这时候，只听"哗"的一声，大雨瞬间倾盆而下，猎人浑身湿透了，只好带着空空的猎物袋，狼狈地回家去了。看到猎物，才想到要装弹药，作为一名猎手，连最起码的准备工作都没有做好，怎么可能会有好的收获呢？

在商界，"做事没有条理"也是很多公司倒闭的重要原因。

有很多想把企业做大的领导，他们做得最多的事情是招聘越来越多的人，壮大自己的企业。他们认为只要人多，事情自然就能办好。可他们从来没有想过，他们缺少的不是人，而是让企业的工作变得更有条理、更有效率的方法。做事没有条理，就会浪费时间和精力，最终一事无成。

3

小时候，奶奶家种了一棵山核桃树，所以我从小就知道，要想吃到美味的山核桃，必须先等山核桃成熟了，再用棍子把山核桃都打下来，泡在水里，然后剥除外壳，清洗干净，放锅里煮上一夜，才能入味，才好吃。如果漏掉其中任何一个环节，山核桃都不好吃。

这是做食物的条理性，也是做事情的条理性。

每个人的能力是有限的，但只有做足了准备工作，一步一步、有条不紊地做好，就能够发挥最大的效应。

不用那么抓狂,每天多忙"一盎司"就行

1

盎司是英美国家的一种重量单位,一盎司,相当于1/16磅,换算成千克的话,约等于0.028千克。多数人会觉得,这点重量完全可以忽略不计,但就是这微不足道的重量,逐渐积累,会让你的生活、你的工作发生很大的改变。

曾经看到一则故事,一头重达8600千克的大鲸鱼,可以跃出水面6.6米,并且还能够表演各种各样的杂技。观众看到表演后,惊叹不已,都认为这头鲸鱼创造了奇迹。

后来,鲸鱼的训练师揭露了奇迹背后的奥秘,其实不过是每天"一盎司"的累积。

刚开始训练这头鲸鱼时,训练师先把绳子放在水面下,然后让鲸鱼从绳子的上方通过,只要鲸鱼通过一次,就会获得一定的奖励。等鲸鱼习惯了这个高度,训练师就会把绳子提高一点,每次提起的高度都很小,小到几乎可以忽略不计,而鲸鱼每次都能通过,并且得到奖励。随着时间的推移,这头鲸鱼竟然在不知不觉中跃过了6.6米的高度。

量变积累到一定程度会发生质变,就像这头鲸鱼一样。

在职场上,或许每一个优秀员工的经历各有不同,但有一点是一样的,那就是他们每天都会比别人多做一些准备,或者多做

一些工作,哪怕可能只有"一盎司"。正是这"一盎司"才使他们获得了较大的成就。

听过一句古老的谚语:"事情就怕加起来。"如果你能够坚持每天在工作上多做一点准备,或者多做一点事,你就会发现,自己的身上会发生一些变化:工作能力增强了,工作效率提高了,领导对你越来越信赖了,同事也越来越喜欢你了。

没错,让自己在职场中获得进步的方法有很多,但效果最持久的,可能就是每天多忙"一盎司"。

2

近期,朋友阿诚所在的广告公司被一家对外贸易公司兼并了。在兼并仪式上,新总裁宣布,新公司不会随意裁员,但有一个条件,如果英语口语太差,无法与国外客户交流,那就不得不离开了。这个月底将会进行一次英语考试,只要考试及格,就能继续留在公司。会议结束的当天傍晚,所有同事在下班后都跑去了图书馆和书店。他们要恶补英语,这样才能留在公司。但阿诚没有,他像平时一样直接回家了。和他关系较好的同事问他是不是准备放弃这份工作了,阿诚笑笑,没有说话。

月底,考试结果揭晓了,在大家眼中已经放弃了考试的阿诚却拿到了最高分。

原本,阿诚的英语也不好,在偶尔几次与国外客户沟通的过程中,他已经意识到自己的不足。因为当时公司的国外客户还是占一定比例的,跟客户交流,都要借助翻译软件,有时候还翻译得不准确,导致工作一直无法推进。于是,他决定提高自己的英语水平,提升自身的能力。虽然每天的工作很繁忙,但他还是抽出时间每天坚持自学英语。

后来,同事问他:"你每天这么忙,怎么还有时间学英语呢?"阿诚笑着说:"其实,只要每天记住10个英语单词,一年下来,你就会记住3600多个单词了啊。"

在工作中也一样,只要你每天学会处理一个小问题,用不了多少时间,你就能够处理大的问题了。

3

在职场中,当我们为即将开展的工作做准备时,无论考虑得多么周全,准备得多么充分,在开展的过程中,总会出现一些意外情况。或许这个意外相对于整体工作而言,占的比重并不大,可是有时候事情的成败,往往就在于这小小的意外。

这很像我听过的一个法则——酒与污水法则。如果一滴酒滴到污水当中,污水的本质不会变,还是污水;如果一滴污水滴到酒中,酒的本质就变了,就成了污水。

在职场中,全心全意、尽职尽责只是基本条件,要想取得进步和成就,还应该比别人多一些准备。无论是管理者,还是普通的职员,"每天多忙一盎司"的工作态度能让你从竞争中脱颖而出。因为在养成了"每天多忙一盎司"的好习惯之后,与你周围那些尚未养成这种习惯的人相比,你已经具有了不可估量的优势。

无论你从事什么行业,都要在忙碌的过程中锻炼自己的能力,这样才能在竞争激烈的社会中具有比别人更强的生存能力。

我是第二,所以要更努力

1

在历史的进程中,很多人都只记得第一的名字,第二是谁,似乎没有人关心。就像我们都知道第一个登上月球的人是美国飞行员阿姆斯特朗,可第二个登上月球的人是谁?很多人都不知道。于是,小时候,我们总是被教育事事都要争第一,而忽略了第二,其实第二也有第二的好处。

美国有一家租车公司,其市场占有率长期居于同行业第二的位置,与第一名相距甚远,似乎难以望其项背。此外,后面的竞争者也紧跟其后,可谓强者如云,一不小心就会落后。进退维谷之际,为了扭转局面,这家租车公司聘请了奚得先生做总裁,奚得先生有着"经营之神"的美誉,到任后,他在租车公司内部进行了大刀阔斧的改革。

由于第二的尴尬地位,很多顾客根本不知道这家公司,于是首要任务是提高公司的知名度,而最主要的手段是加强广告宣传。投入广告时,奚得先生请教了广告大师彭巴克先生,彭巴克先

六

这个世界正在惩罚不思变通的人

生建议在广告中坦白而直率地告诉所有人——我们在租车公司中排名第二。因为是第二,所以要更努力。

奚得先生接受了这个建议,并且还把自己的电话贴在公司的车上,只要租车的人发现车辆内部不干净或其他什么问题时,都可以直接打电话给他。不久,公司业绩迅速回升,市场占有率也逐渐逼近第一。不过,这家公司仍然以第二自称。在奚得先生看来,第二不只是一个名次,而是鞭策他们不断努力的标志。这个不断改进自我的企业,在市场上又怎么会不受欢迎呢?

生活有时候就像一场团队比赛,即使是世界上最厉害的团队,也会有失败的时候,即使是最差的团队,也有可取之处。团队中的每个人,一直努力,并不是为了争夺个人的第一,而是为了让自己的团队获得胜利。有时候,身负必得第一名的压力,往往很难拿到第一。

人生的路上,不必过于追求完美,了解和接受自己的局限,才能更加清醒、理智地面对生活。

2

曾经有一名记者采访过获得世界冠军的美国拳击手杰克。记者很好奇杰克为什么在每次比赛前都要安静地祷告一会儿,于是就问:"你每次祈祷,都是在希望自己打赢这一场比赛吗?"杰克摇摇头,说:"如果我祈祷自己打赢这场比赛,我的对手也会祈祷打赢比赛,那听到我们祷告的上帝会很难办的,他到底该听谁的祷告?"

记者觉得很奇怪:"那请问你每次都在祈祷什么?"

杰克笑着说:"我只是在祈求上帝让我在这场比赛中打得漂漂亮亮的,且我和我的对手都不受伤!"

这才是最好的比赛状态。我们能参与并珍惜这场比赛,就算是"赢"得了这场比赛。每个人都追求完美,但不完美才是我们要接受的。在生活中,我们要实事求是,用平和的心态看待人生的成与败。

3

俗话说:"三百六十行,行行出状元。"但是,状元只有一个人,而去竞争状元的人却多得数不清。当然,想要当状元的精神是值得鼓励的,但是难道只有当状元才是唯一的追求吗?并不是。

在竞争的过程中,抱有争第一的决心当然很好,但也要有接受自己成为第二名、第三名的心态。因此,我们要用平和的心态对待人生的竞争。在生活中,我们做一件事,只要竭尽自己的所能,问心无愧,就够了。

生命是一个过程,它不会只定格在最后的结果上,成不了第一名,第二名也不错,谁说第二名就不成功呢?为自己获得第二名而喝彩吧,因为我们同样也有始有终,有过奋斗和拼搏,做到了拼尽全力。

人生,不是只有第一才精彩。

你所谓的执着，只是错误的固执

1

老顾在办公室里讲笑话：有一位画家下乡写生，见到一位老农夫，想要帮老农夫画一幅侧面肖像画。画家很认真，一笔一笔地画着。画完后，他觉得很满意，不仅写实，而且惟妙惟肖，无可挑剔，他十分满意地将画作交给老农夫，等着老农夫的夸奖。

没想到，老农夫居然气愤得说不出话来，反反复复地看着那幅画，最后把画塞进画家的手里，生气地问："为什么我只有一只耳朵，我的另一只耳朵呢？"

画家怔住了，他看着那幅画想了半天，才想明白老农夫说的问题。他拿起画耐心地向老农夫解释说："老先生，我画的是一副侧面肖像画。所以，在画中，我们只能看见一只耳朵。"

老农夫听完后，愣住了，他摸了摸自己的两只耳朵，不解地问："可是，我有两只耳朵啊！"

画家耐心地解释："这是侧面的，你懂吗？在视觉上，另一只耳朵会被遮住，所以我们看不见。"

老农夫好像明白了，他连忙把画翻了过来，看了看，而后更加生气地怒吼："你骗人！这后面什么都没有啊！你到底是不是画家？"

画家听到这，再也没有耐心了，他也对老农夫怒吼道："你是笨蛋吗？我已经解释给你听了，你怎么什么都不懂？这已经是最好的了,你知不知道?可惜的是,你连最基本的空间概念都没有。"

老农夫不听解释,继续固执地说:"请你给我画上另一只耳朵!我有两只耳朵。"

最终,画家气得拿着画离开了,两个人只能不欢而散。

老农夫认为自己有两只耳朵,所以他的画上也一定有两只耳朵;而画家认为这是人的基本常识,属于专业概念。两个人谁都不肯退一步,问题当然不可能得到圆满解决。

执着是好事,但要保证前提是正确的,是可行的。老农夫坚持了错误的方向,而且还一个劲儿地坚持,只会离成功越来越远。因为他的执着,不过是固执罢了。

2

有这样一个寓言故事。

山里有甲和乙两个穷樵夫,平日里靠上山捡柴为生。有一天,这两个樵夫上山捡柴。在山林深处,他们发现了两包大棉花,在当时,棉花的价格比柴高多了,卖掉这两包棉花的钱,就足够一个月衣食无忧了。于是他们喜出望外,一人背了一包棉花回家。

走了一会儿,他们看到山路上有一大捆布,走近一看,原来是上等的细麻布,而且有十多匹呢。甲很高兴,就和同伴乙商量,舍弃棉花,改背细麻布吧。但乙不肯,他觉得自己背着棉花走了这么一大段路,现在扔下,多可惜啊,所以坚持不肯换。没办法,甲只好自己放下棉花,竭尽所能地背起细麻布,继续赶路。

又走了一段路,甲看到前面有一团东西正在发光,走近一看,地上居然放着好几坛黄金。甲高兴极了,心想马上就要发财了,于是就让乙放下棉花,自己也放下细麻布,两个人一起背着黄金回家,以后的日子可就好过多了。但是乙仍然不愿丢下棉花,因为他觉得背了这么久,现在放下,太不划算了,而且他还怀疑这些黄金不是真的,万一背回去后是假的,不就成了一场空欢喜吗?

没办法,甲只好挑了两坛黄金匆匆回家,而乙一直背着棉花。走到山下时,天突然下起了大雨,无处躲雨的甲和乙被淋得全身湿透了,而乙背着的棉花吸收了雨水,变得像一座大山那么重,乙根本没有办法挪动半步。不得已,乙只能放弃一路都舍不得丢的棉花,空着手回家了。

不愿放弃棉花的樵夫,有时候就是生活中的我们。

在人生的道路上,我们要有智慧,面对五彩斑斓的世界,要做出正确的判断,选择适合自己的方向。更重要的是,我们还要时刻关注自己的方向是否偏离了成功的道路,一旦发现偏离了方向,就要及时调整,而不能执着地坚持错误的方向。

3

世界千变万化,时刻都处于变化之中,没有一个人能够在竞争激烈的社会中一帆风顺地从头走到尾。在人生路上,每个人都会遇到困难,而这些困难,有时是由我们自己的固执造成的。

不管是在生活中,还是职场中,"相机而行"才是最正确的方式,我们要随着时代的变化、事物的发展而做出相应的调整。在与人相处的过程中,在非原则问题的处理方式上,不要钻牛角尖,不要固执己见,而要随机应变。

很多时候,固执是人性当中致命的弱点之一。因为固执己见,不愿意听取任何人的建议而一意孤行,最后只会离成功越来越远。在生活中,我们会形成自己的经验,但世界是千变万化的,过往的经验和规律,并不适用于所有情况和所有事情。

七

没事别随便思考人生，想太多你就走不动了

下坡路那么多,谁说你一定要往高处走

1

我常想起《贤愚经》中的一句话:"常者总要消灭,高者必然堕落。合会终有离别,有生一定有死。"

这些年,我采访最多的人是企业家,而在经营企业的过程中,他们很多人奉行的是"人往高处走,水往低处流"的原则,似乎每个人都认为人生是向上的,这是贯穿一生的理念,也是每个人的普遍心理。然而事实上呢?我见过太多的企业家被"人往高处走"的理念迷惑了。无论从主客观角度讲,还是从概率上讲,人这一辈子是不可能永远往高处走的,我们会遇到很多的下坡路,而且不得不走。

高处,也就意味着高标准,就像是一种完美主义,对自己很苛刻,对他人更苛刻,最后不仅累坏了自己,也让周围的人受不了。人生,免不了遇到困难和挫折,比如家庭的变故,事业的困境,身体出现状况……这时候,外界的标准降低了,内在的标准也降低了。如果我们依旧保持着高标准,渴望往高处走,就更容易遭受打击,陷入烦恼的境地。

因此,降低标准是困境时期的正确选择。尤其是当下的社会,竞争激烈,稍一懈怠就容易陷入困境。因此,学会降低标准,有时也是解决问题的有效方法。

2

有一家企业由于经营不善倒闭了,企业的几百名员工下岗失业,当时的总裁觉得很愧疚,时不时地去拜访一些员工,看看自己能否提供一点帮助。后来,他发现,那些需要帮助的人,就算他竭尽全力帮助了,对方始终一蹶不振;而那些不需要帮助的人,都通过自己的努力继续奋斗着。老李挽起袖子,到一家餐馆做了服务员,虽然有点累,但能养活自己;老张在小区楼下摆了一个修鞋的摊位;老黄去另一家公司做了业务员,以前的经验也派上了用场……

有时候,降低标准并不是变得丧气,更不是退缩,而是换一种心态去应对遇到的困难。人生充满了不确定,世界上的事物都在不断地发生变化,好与恶,美与丑,常常是交替而来。如果标准过高,我们就会在心理上面临着压力,一旦现实不符合预期,就容易灰心丧气。现实社会中,许多人之所以没能适应新的环境,感到痛苦和烦恼,是因为他们时刻守着高标准,不愿意放过自己。

过高标准的要求,不仅会伤害自己,也会伤害周围的人。表现在他们对自己要求严格,同时也要求别人只能"上升",不能"下降"。这时候,过高标准就成了一种极端。

3

降低标准,不单是要降低心理上的标准,同时也要放低在生活中的姿态,放下面子,放下架子,甚至可能还要舍弃过高的追求。

那些遭遇过困境的企业家,有些是彻底败了,因为他们不肯降低标准,因此在面对困境时,败下阵来,从此陷入低潮,迟迟未能恢复;有的及时降低了自己的标准,调整了自己的心态,从而在生活中展现了另一番精彩。

重新展现人生精彩的企业家,不是一味守着高标准不改变的人,他们懂得在降低标准的同时,守住自己的底线,不断完善自我,重整旗鼓。这才是明智的选择。

我深深地体会到,降低标准,是一种快乐良方。只是,这种快乐良方,并不是每个人都能获得的。不管是主动的,还是被动的,降低标准是一种常态,有的人降低了自己的身份,有的人忽略了自己的名誉,有的人放弃了自己的头衔……他们为了实现更好的人生,从而选择走"下坡路",因为下坡路走到底,往后都是向上的路,这叫触底反弹。

佛家经常说"放下"二字,要知道,放下,也需要英雄般的气概。

别妄想了,谁的压力都不可能消失

1

长大后,我特别喜欢过儿童节。每次儿童节,我总会和几个朋友聚在一块儿,嘻嘻哈哈的,热闹过后,不禁感慨,如果我们永远都长不大,一直做一个单纯、懵懂、不谙世事的孩子多好啊!我们不用承担来自事业、情感、家庭的压力,生活轻松惬意,时时都是美好的,简直太幸福了。

可是,真要让我们回到小时候,或许我们会发现这样的想法是完全错误的,因为压力几乎无处不在,甚至如影随形。当我们还是一个孩子时,虽然不用承受为生计奔波的压力,却还是要努力适应这个世界的冷暖,也会因为自己的各种需求无法得到满足而感到失落。

等离开学校,要接触复杂的社会,难免与他人进行比较、竞争,这时候压力就变得具体化了。

等工作几年后,对生活、对个人发展有了比较明确的目标和要求,这时候,压力就会迎面而来。

成年人习惯于依赖自己的经验,面对压力时,拼命地想要压制、解除压力。但压力这件事,如果你把它看得很重,它就会变得很重;你把它看得很轻,它就会变得很轻。

适当的压力其实是不可或缺的清醒剂。它会让我们在生活中不畏困难,不害怕挑战,并且懂得通过思考来打破旧的格局,寻找进入新局面的方法,在这个过程中会激发自己的勇气和自信,从而获得幸福。

2

任何人都要接受压力的挑战,没有人可以例外。

恺撒从一个没落贵族荣升为罗马的最高统帅,并建立了庞大的帝国。每一个阶段,他都肩负着沉重的压力,但最后他都能与压力和谐相处,跨越重重险阻,收获成功。

19岁时,恺撒家族的权威人士从实现自身集团利益,要求恺撒放弃原本的婚约,与当地的权势人家攀亲。恺撒不肯答应,家族不惜采取各种手段进行胁迫。面对家族给予的巨大阻力,恺撒毫不退缩,坚持与未婚妻结婚。后来,他的个人财产被家族没收,妻子的嫁妆也未能幸免。最后,恺撒与妻子不得不逃离家族,为自己赢得了信守诺言的美誉,而这也是那些将士愿意始终追随他的重要原因。

这是恺撒面对的第一个巨大压力。在之后的38年里,他一步步地从军营走向战场,又走向了政坛。在这漫长的过程中,他面临着一个个巨大的压力,但是他没有选择与压力死死对抗,也没有花时间去烦恼,而是选择把沉重的压力变成动力。他不断挖掘自己的优势,包括机智的谈吐、镇定的心智,还有伟大的军事才能,彻底扫除了成功面前的障碍。

美国前总统华盛顿曾经说过:"一切的和谐与平衡,健康与健美,成功与幸福,都是由乐观与希望的向上心理产生与造成的。"压力是不可能消失的,如果我们整天妄想着没有压力的生活,无疑是又给自己添加了新的压力。不因为压力放弃自己的目标和方向,就是恺撒最后能够建立庞大帝国的主要原因之一。

3

20世纪最伟大的喜剧演员卓别林出身于演员世家。在他小时候,父母因为感情不和离异,卓别林跟着母亲生活,不过母亲的身体很虚弱。她有一次上台演唱时遭到观众的喝倒彩,就在这时,卓别林被带到舞台上代替母亲演出。虽然是第一次表演,但卓别林十分冷静,故意模仿母亲的沙哑声音进行演唱,最后居然赢得了观众的热烈掌声,获得了认可。

初次表演的压力,来得很突然,但卓别林及时地化解了压力,而这一次的成功表演,无意间打开了他日后成功的大门。从那之后,虽然在很长一段时间内生活无比艰苦,但贫苦和困难的压力并没有让他忘记自己在舞台上收获的快感和散发的魅力,于是他更加认真地学习表演。

1925年,卓别林拍完了《淘金记》。这部电影主要描写19世纪末在美国发生的淘金狂潮,获得了一致好评,从而奠定了卓别林在电影界的地位。不过,压力是无处不在的。有声电影的兴起,逐渐取代了传统的默片,卓别林好不容易看到曙光,日子又变得十分难熬了。这时候,他母亲也去世了,与妻子的离婚案也闹得沸沸扬扬。祸不单行,某部电影的放映权也出了问题……一夜之间,几乎所有的压力都压在了卓别林的身上,他仿佛一下子老了20岁,鬓角悄悄冒出了白发。

一开始面对压力时,卓别林也无力招架,变得很颓废。直到有一天,他突然意识到自己的颓废对目前的状况根本于事无补,于是他决定放下压力,开始了一场欧亚之旅。旅行过程中,他散了心,又趁机为新电影做宣传,同时又获取了新知识。

很长一段时间后,卓别林终于从重重的压力下解脱了,恢复了工作和生活的激情,重新焕发了风采。终于,他带着《摩登时代》回到观众的视线当中。

有时候,压力太大了,会让人从此一蹶不振;而压力太小,则会让人滋生出惰性。适度的压力,不仅能够让人保持清醒,还能够让人拥有足够的动力去战胜所有的困难。举个简单的例子,在拳击比赛中,有经验的教练会帮选手挑选一个实力相当的陪练,激发选手的斗志,在每一次的训练中慢慢进步。有了外界的刺激,选手不会沉浸在自我满足中,也不会因为成功而盲目自信,反而通过不断突破自我,提升自身实力。

面对压力,退缩和回避是不对的,应该跳出"压力怪圈",分析压力的来源,思考如何将压力转化为动力,找到消除压力的方法。

用智慧正视压力,消除压力,压力才会变小,事态才会朝好的方向转换。

无论对命运有多恐惧,都要学会长大

1

小时候看童话故事,我很喜欢彼得·潘,因为他永远也不会长大。他自己拒绝长大，而且还鼓励其他孩子也拒绝长大。这真是一个美好的童话，也是一个美好的愿望，在自己的想象中肆意妄为地生活，无忧无虑。之所以喜欢彼得·潘，是因为我的心底也住着一个"不想长大"的孩子，不想长大，想任性地活在自己的小世界里。

可是，不想长大只是一个童话般的梦想，没有人能够拒绝长大。在成长的过程中，每个人都会遇到一些不喜欢的人和不如意的事。当我们一旦离开了自己的舒适圈，进入到陌生的环境中，心中曾经美好而单纯的幻想被一点点地击破，最终剩下的只有烦恼和纷扰。而当这些烦恼和纷扰造成的恐慌不断侵袭着内心时，"彼得·潘"就会马上跳出来，我们就会找各种借口逃避现实，躲到"黑暗"里。

但逃避只是短暂的麻痹而已，没有解决任何实际的问题。就像暂时的休眠能够减轻我们承受的痛苦，但一旦醒来依旧要感受痛苦，因此逃避并不会让问题得到解决，当我们从"黑暗"中探出脑袋看向现实世界时，会发现问题依旧存在。

很多人无法真正融入社会，始终活在自己的狭小世界里，根本原因在于一遇到困难，我们就选择逃避。

2

看过一则很有寓意的故事。

从前有一只蜗牛，它从出生开始就住在一棵干枯的桑树上。

有一天,阳光明媚,温度适宜,蜗牛小心翼翼地从桑树里伸出脑袋,看了看,而后慢吞吞地沿着树干爬到地面上。它把一小节身子从蜗牛壳里伸出来,懒洋洋地晒起了太阳。这时,一群蚂蚁正一个接着一个地从蜗牛身边走过,它们在紧张地搬运东西。看到蚂蚁在阳光下来回走动,生活很有奔头的样子,蜗牛不禁觉得有些羡慕。于是,它对蚂蚁说:"嘿,蚂蚁老弟,你们在劳动吗?真好,我真羡慕你们啊!"

有一只蚂蚁停下脚步,仰着头对蜗牛说:"来吧,朋友,跟我们一起出去走走吧!"

蜗牛听了蚂蚁的话,不由自主地把头往蜗牛壳里缩,神态有点惊慌:"不不不,你们是要到很远的地方去吧?我不能跟你们一起去。"

那只蚂蚁奇怪地问:"为什么呢?难道你走不动吗?放心,我们中途会休息的。"

蜗牛犹犹豫豫了半天,吞吞吐吐地说:"我从小就没有离开过家。离家远了,天气热的时候,怎么办啊?要是下雨了,又怎么办?肚子饿了呢?天哪,路上有那么多困难……"

那只蚂蚁听了,无可奈何地摇摇头:"如果你总是害怕这样害怕那样,那我觉得你只能躲到你的硬壳里吧!"刚说完,那只蚂蚁匆匆追赶大部队去了。

蚂蚁说的话,蜗牛其实并不怎么在乎。不过,它的确很想去远处看看。思考了很久,它终于鼓起了勇气,大着胆子跨出了第一步。但就在这时,半空中落下了几片叶子,叶子掉在地上时发出了轻微的响声。蜗牛听到了，吓了一跳，急忙把身子缩回到蜗牛壳中。过了好久，外面好像没有动静了，蜗牛才敢小心翼翼地把身子伸到外面，发现外面一片宁静，并没有发生什么事情。

蜗牛看了看蚂蚁离开的方向，它们已经走得很远了，看不见了，蜗牛悠悠地叹了一口气，说："唉，我真羡慕你们啊，只可惜我不能和你们一起走。"说完，蜗牛重新伸出自己的小半个身子，懒洋洋地晒着太阳。

生活在世界上的我们，也有像蜗牛一样的壳，那是我们保护自己的盾牌，也是我们用来逃避外界一切困难和烦恼的"避风港"。正是这个温和的避风港，让我们安心地享受舒心与安逸，但也绊住了自己前行的步伐，错过了世界的美好和繁华。

3

恐惧是每个人都有的心理。美国学者马尔登认为，不安和多变的心理，是现代生活中多发的现象。恐惧是每个人生命情感中最难解的症结之一，任何人都不必因自己有恐惧心理而感到沮丧，不要让恐惧成为人生旅途中的阻碍，也不能因为恐惧而去逃避现实。

人都是脆弱的，总害怕意外，总想要躲起来，这样虽然不会遇到什么危险，但我们也会因此错失生命的精彩。生活，总是美好与糟糕相互交织，但美好是永恒的，烦恼与忧愁不过是过眼云烟。要多给自己尝试的机会，不要逃避。

虽然哼着"我不想我不想不想长大",但也深刻地明白,我们无法拒绝长大,正如不能让时间倒流,或者让时间停止。"长不大"是一个童话,看似幸福,却会失去很多美好的东西。

生活总要继续,不可能永久逃避。与其在逃避的过程中惴惴不安,倒不如直面心中的恐惧,坦然面对成长过程中遇到的坎坷和困难。

与其过度规划未来,不如努力做好当下

1

帕特·奥布瑞恩在正式踏入影视界之前,只是一名默默无闻的话剧演员。有一次,他进行了一场名为《向上,向上》的话剧表演。在表演前,帕特对自己很有信心。在演出过程中,帕特也表演得很到位。只是,观众对他表演的剧本并不感兴趣。他第一次演出时,剧场里只有不到三分之一的观众。接下来的几次演出,观众越来越少了。剧团难以维持自身的支出,再也租不起大剧院了,只好搬到了一个偏僻、廉价的小剧院里。

在这样的地方,可想而知,观众比从前更少了,门票的收入也变少了,话剧演员的薪水也每况愈下。那段时间,剧团里蔓延着一种消极的情绪,演员们都感觉自己的前途一片渺茫,表演也不再像以前那么卖力了,有些话剧演员甚至做好了离开剧团

的准备。不过，即使所有人都在埋怨时运不济，帕特却一如既往地卖力演出，即使只有一位观众，他也会全身心地投入到表演当中。

有一天，剧团来了一位陌生的观众，他坐在第一排看表演。表演结束了，那位观众站起身，热烈地鼓起掌来，帕特原以为他只是一名普通的观众，但没想到这位观众走上台，握住帕特的手，自我介绍道："我是刘易斯·米尔斯顿，我很欣赏你的演技和你的专业精神，请问你有兴趣参与我的电影《扉页》的拍摄吗？"

帕特万万没有想到，站在面前的"观众"居然是大名鼎鼎的电影导演刘易斯·米尔斯顿。于是，帕特在电影界开始崭露头角，最终成为美国著名的电影明星，深受观众喜爱。

活在当下，不被过去的事拖着你后退，也不被将来的事拉扯着你向前，你能做的就是把自己全部的时间和精力都集中在当下，全身心地投入到生活中。

2

有时候，我觉得"过去"和"未来"是人类语言中最危险的两个词语，只生活在过去，或者只生活在未来，就好像走在一条狭窄的绳索上，处处都是危险。而"当下"是一个让你迅速潜入海底或者迅速飞向高空的机会，只要你尝到了"当下"带给你的兴奋和激动，就不会去顾及那些可能存在的危险，因为一旦与生命的进程保持相同的步调，那些无关紧要的危险又有什么重要的呢？

无论我们用何种眼光看待当下拥有的一切，都会发现那是我们人生当中最好的馈赠，因为我们不能够改变过去，也不能预测将来。因此，活在当下，才是最好的选择。活在当下，竭尽全力，自然能收获丰硕的果实。

3

每当我表现出对未来的迷茫时，老顾总是语重心长地劝我："你要活在当下。"

"当下，当下，您总是说当下，可什么是当下呢？什么又叫作活在当下呢？"

"简单来说，当下就是指，你现在正在做的事情，你现在所在的地方，以及与你一起工作和生活的人。"老顾顿了顿，继续说，"活在当下，就是指你要把自己关注的焦点放在这些事、物、人上，全身心地体验当下，投入自己的精力和时间。"

"这有什么难的？"我不以为意地强调，"我不是一直都活在当下吗？"

老顾无奈地摇摇头："是，你是活在当下，可是你不觉得你一直活得很匆忙吗？不管是采访、写稿，甚至吃饭、休息、娱乐，你都是急急忙忙地赶赴下一个目标。你是不是觉得你还有更伟大的目标要去完成，而不能把时间'浪费'在当下的事情上？"

听到这，我犹如醍醐灌顶。老顾继续说道："其实不只是你，很多人都无法专注'当下'，他们总是心不在焉，脑子里想着的是明天的事,明年的事,甚至是十年后的事。如果你总是把力气耗费在遥不可知的未来,而对当下的一切熟视无睹,那你就会迷茫,就会感到不快乐。"

这时,我想起一位作家说过的话:"当你存心去找快乐的时候,往往找不到,唯有让自己活在'现在',全神贯注于周围的事物,快乐便会不请自来。"我终于明白,人生的最大意义,或许只不过是闻一闻路旁的鲜花,感受时间一点一滴地流逝罢了。

昨天已经成为历史,而明天的一切都不可预知,只有当下才是上天赐予我们的最好的礼物。因此,不必活在过去,因为昨天已成历史;也不必预支明天的烦恼,因为今天无法解决明天的事。我们要做的是活在当下,做好当下的事。

未来是什么样子的,往往取决于你的当下。

期待别人善待自己,不如自己先原谅自己

1

曾经在杂志上看到一个小故事。有一位智者每一年都会详细地记录下自己在这一年犯下的所有错误,以及自己在这一年中的所有不幸。等到每一年的末尾,他就会把这两份账单拿出来看一看,看看自己犯了哪些错误,又看看自己经历了怎样的不幸,而后真诚地恳求:"老天爷,这一年,我犯了这么多错误,但我也遭受到

不幸的惩罚。我决定原谅您对我的惩罚,与此同时,我希望您也能原谅我。"

这则故事,一开始其实我并没看懂其中的寓意,后来我去请教老顾,他说:"在期待别人能够原谅自己的同时,请先做到真正原谅别人。换句话说,原谅别人,也就是原谅自己。"

我恍然大悟,想起曾经看过的一句话:"生活就像一本书,只有自己去翻阅,才能真正读懂。"在生活中,每个人都会遇到很多无法预知的挫折与磨难,而克服挫折与磨难的关键在于,我们是否能够像大海一样,拥有宽广的心怀。

2

很多时候,怀揣着一颗善良的心,不计较他人的不足与过失,生活就会顺遂平安。

报社里的老员工小曼姐,在我们的眼中,是一个非常幸福的人。她的老公十分疼爱她,女儿听话乖巧,惹人喜爱。每次报社有团建活动时,小曼姐总是一家三口一起来,令我们十分羡慕。

不过,在小曼姐结婚的第十年,她的老公因为一场车祸,不幸离世。一瞬之间,世界就好像变了一个样子。小曼姐因为老公离去而伤心欲绝,在病床上整整躺了三个月,茶饭不思,每天靠着输液维持生命。而女儿还小,公公婆婆已经老了,家庭的重担一下子全压在了小曼姐的身上。

为了让女儿拥有美好的未来,小曼姐振作精神,离开了报社,去了广州打工。不过,没过几个月,由于女儿整天在电话里哭着闹着要妈妈,小曼姐不忍心,就又回到了报社,不过从编辑部转到了业务部,希望多赚点钱。这时候,小曼姐的公公婆婆突然拿走了家中的全部财产,房产证、结婚时的金银首饰、丈夫的工资卡,一样都没留下。但小曼姐没有去闹,她想着,反正老公已经不在了,那些身外之物就不必在意了。

有了良好的心态,小曼姐每天上班时努力工作,下班后照顾女儿,侍奉公婆。祸不单行,公公突发脑溢血住院了,小曼姐四处借钱给公公看病,而自己却省吃俭用。后来,公公的情况有了好转,医生建议出院回家休养,婆婆哭着把之前拿走的财产都还给了小曼姐,说:"对不起,之前以为你要扔下我们走了呢。"

小曼姐笑了笑,说:"没事的,照顾您和公公是应该的。放心吧,我不会走的,我会把您和公公当成是我的亲生父母来照顾的。"

生活中,我见过很多爱较真的人,只要有人惹了他,或者牵扯到了他的利益,他就会变成一个"斗士",与人斤斤计较,把自己变成了一个"时刻抱怨"的人。久而久之,他更加冷漠,也更加自私。他们之所以如此,是因为缺乏沟通。

及时沟通,双方就会多一些理解,多一些宽容。

要知道,人心都是肉长的,当我们以大海般宽广的心胸原谅了他人,或者在尴尬的时候及时给了他人一个"台阶",那么你的真诚与热情一定会被他人感知。

谁能保证自己在匆匆岁月中不会犯错呢?谁能乐观地认为自己不会在生活中遭遇灾难呢?因此,做一位智者吧,每年都记下自己犯过的错,遭遇的不幸,选择积极地原谅别人,同时也原谅自己。如此,我们的心灵才有可能变得轻松。

3

苏格拉底也是一位智者。

曾经有人问苏格拉底:"苏格拉底先生,你是否听说……"

"等一等,朋友。"苏格拉底还没有听完,就打断了对方的话,"你到底能不能确定你要告诉我的话,全部都不是假的?"

"不能。"朋友尴尬地笑了笑,"我也是听人说的而已。"

"那我就没有必要继续听下去了。"苏格拉底顿了顿,说,"除非你要告诉我的是一件好事情。"

"很抱歉,是一件坏事情!"

"那么,我就更没有必要知道这件事了,如果我不听你说的话,至少还能避免伤害他人。"

"那倒也不至于……"

"如果是这样,那就太好了!"苏格拉底准备结束这一次的谈话,"我们都尽快忘记这件事情吧!人生中有那么多有价值的事情,不要把时间浪费在听这些既不真又不好,而且又大可不必知道的事情。"

人生不如意之事十有八九。在人与人的相处过程中,发生矛盾、有冲突是很正常的。我们难免会有不满的情绪,就像我们自认为努力工作了很多年,每个月却领着那么点微薄的工资;我们明明没有做错事,却平白无故遭到他人的批评,就会觉得委屈……这时候,我们可能决定将这些事牢牢记在心里,并且打算永远都不原谅对方。

然而,对方给你造成的伤害只有一次,而牢记这些伤害就会让你不停地抱怨,仿佛在不断地受到伤害。因此,如果遇到了不顺心的事,最好的方式是将一切的抱怨都扔进垃圾桶里,如果总是念念不忘,到最后伤害的还是自己。

无论如何,学会原谅吧,原谅自己犯过的错,原谅自己遭受到的不幸,快乐地活在当下。

爱自己,并依靠自己的力量

1

我经常会有这样一种感觉,当我在一个陌生的圈子里,即使身处热闹的娱乐场所,也会觉得孤独。看着周围的人打打闹闹,我想起哲人说过的一句话——在人群中比独自一人更加孤独。当我与周围的人格格不入,无法融入热烈的气氛当中,而在热烈气氛的映衬下,我就显得更加孤独。

相反,我一个人独处时,可以海阔天空地遐想,反而不觉得孤独。由此可见,消除孤独的最好方法并不是呼朋唤友,把自己投身于喧哗热闹的场景当中。

我认为排解孤独的唯一方法是:"真正爱自己,依靠自己的力量。"唯有凭借自己体内的韧性和生命力去战胜反复出现的孤独感,才算是真正消除了孤独。

人生在世,与他人为友很重要,但我们不能因为朋友而忽略自我。

曾有人问斯多葛学派的创始人芝诺:"谁是你的朋友?"

他回答道:"另一个自我。"

能和自己做朋友,是一种能力,也是一种幸福。要知道,这个朋友永远都会陪在你的身边,无论你健康与否,无论你发达与否,无论你开心与否,他永远都会在你的身边,安慰你,鼓励你,鞭策你。

当然,能不能和自己做朋友,最本质之处在于,我们是否有芝诺说的"另一个自我",并不是所有人都能找到"另一个自我",这一个自我,其实是一个更高的自我,以及你对待这个自我的态度,这也会影响自己能否找到"另一个自我"。

2

在两种情况下,另一个自我是缺席的。第一种是不爱自己,常常自怨自艾,埋怨自己生不逢时,没有好的机会,把自己当成了自己的仇人;第二种是过分爱自己,过分自恋,把自己当成了完美无缺的情人。

法国心理学家曾经对女性做过一项调查:"假如我们要对你的恋人或丈夫做一次采访,你最想从他们的嘴里知道什么?"被调查者都不约而同地回答:"他还爱我吗?"

当我看到这个问题时,我想问:"你还爱自己吗?"

或许这个问题看上去很傻,是啊,谁不爱自己呢?没错,没有人不爱自己,但所有人都会爱自己吗?这其实是另一个层面的问题。我们每天为自己预留了多少真正属于自己的时间呢?在这段时间里,没有功利,只是让这份时间属于自己,让自己在这段时间里感受自己,爱自己。每个人都很忙,忙着应酬,为了家庭,为了工作,为了生活……可是,我们难道不需要应酬自己吗?

什么叫应酬自己?是给自己留了一点时间,却在行为和思想上依旧惯性地应酬着除了自己以外的人和事,还是自觉鞭策自己去充电、去进修、去拿高学历?这些都不是应酬自己的表现。

应酬自己即爱自己,是不拿物质贿赂自己,即使一掷千金,也不见得是真正的快乐;是不拿成就激励自己,因为成功并不能丰富我们的灵魂;是不拿社会的标准和眼光苛求自己,毕竟他人满意也不代表自己满意……

爱自己,需要的是滋养自己——岂能尽如人事,但求心安。

3

真正爱自己的人,懂得快乐的秘诀不在于获得更多的物质和财富,而是珍惜眼前拥有的一切。

真正爱自己的人,懂得自己最大的幸运是幸福地生活在这个世界上。只有拥有了这一份难得的乐观心境,我们才会对生活、对环境、对周围的亲人和朋友,都自然而然地流露出喜悦之情。

爱自己,是欣赏和喜欢自己,因为在这个世界上,每个人都是独一无二的,都是世界的唯一。当然,欣赏和喜欢自己并不是盲目自恋,而是在能够认识自己的不足和缺点的基础上,坦然接受自己的一切。

爱自己,是和"另一个自我"做朋友,如此,才能真正地远离孤独。当然,和自己做朋友,并不是在内心竖起一道墙,躲在里面,拒绝外界的一切关心与问候,而是要学会与另一个自我和平、友好地相处。

哲学家尼采曾经在《查拉图斯特拉如是说》中说道:"你在内心深处很清楚,即使你身在人群之中,你也是跟一群陌生人在一起。对你自己来说你也是个陌生人。"身边拥有一些朋友,或许可以让我们不再形单影只,却不能真正消除内心的孤独感。如果和另一个自我是陌生人,那么内心一定是孤独的,也就不能真正成长为一棵独立的大树,而是一株缠绕着他人,汲取他人营养的藤蔓。

爱自己,是拥有一种恣意的自由,不受限于规则,拥有从容、自信的心态。

爱自己,善待自己,你会活得更自由,你的人生会散发更多的光彩,你会拥有更多的对生活的热情。

成为自己的朋友吧,知道如何爱自己,并依靠自己的力量排解孤独吧。

八

情商高,就是说话让人舒服

你的谈吐里，藏着你的修养

1

有一年，社长要为报社招聘一个司机，当时有很多人来参加面试，经过层层筛选，最后进入到终试的只剩下两名司机。最后一轮的面试试题是老顾出的，很简单，就是让两位应聘者各自谈一谈对司机这个职位的看法和理解。

第一位应聘者说："我当司机已经好几年了，领导请放心，车子内内外外我都会收拾得干干净净；开车时一定遵守交通规则，保证领导的安全；同时也会做到节省汽油。"社长点点头。

第二位应聘者说："我当司机有三个原则。第一，听得说不得；第二，吃得喝不得；第三，开得用不得。"社长一听，满意地点点头，高兴地站起身："恭喜你，你被录用了。明天可以来上班吗？"

后来，第二位应聘者就成了报社的司机，他的行为正如他的回答一样，令社长很满意。虽然他的回答很简单，但却表明了一个司机的专业标准，体现了专业度。

由此可见，一个人的谈吐，能够体现其知识水平、知识涵养和专业技能。

2

有一次,我回家吃饭,妈妈跟我谈起八卦,说亲戚家的女儿徐薇薇好不容易谈了恋爱,最后却分手了。我问怎么回事,原来徐薇薇初中没毕业就辍学了,这些年一直在饭店、酒店等场所做服务员谋生。一个偶然的机会,徐薇薇和前来吃饭的一个男生看对眼,谈起恋爱来了。

那个男生叫刘涛,跟徐薇薇相处了几个月后,他就打算把女朋友带回家,正式介绍给父母。

一开始,吃饭的氛围还不错,他们一边聊天一边看着电视,这时候电视里播了一条新闻,说是有一名女子为了赚钱,两年之内跟多名男子"订婚",在拿到男方的彩礼后立刻人间蒸发。新闻播到这,刘涛的母亲笑了笑,刚想发表看法,徐薇薇抢先说道:"其实这种事已经见怪不怪了,现在的新闻真是小题大做,我觉得这个女人很聪明,靠自己的智慧赚钱,不至于被批评吧。"刘涛的父母面面相觑,都不再说话,气氛变得有点尴尬。

晚上,刘涛送徐薇薇回去后返回自己的家中,刘涛的父母不肯同意他们恋爱,要求刘涛跟徐薇薇分手。刘涛为女朋友解释了半天,说徐薇薇很早就出来在社会上谋生了,这种事见得多了,觉得不是件大事才会这么说的。不过刘涛的母亲却坚持:"没有高学历,我们不在意,但是我们是不会接受没有涵养的儿媳妇的。"

站在父母的角度,刘涛其实也理解他们的反应。毕竟如果一个女孩对"以'订婚'骗取钱财"的事表示理解,那么谁知道她会不会怀有这样的目的呢?因此,无论多么开明的父母,都不可能接受。最后,这段恋爱就戛然而止了。

3

语言是思维的载体,是思想的外在表现。我们说的每一句话,大都会展现我们内心的想法、文化水平和价值观念。就像社长招聘的那位司机,专业水平如何,其实也会在人的一言一行中表露出来。

说话水平与个人涵养之间的关系,就像水与船,紧密相连。当你提高了自身的素质时,你的说话水平也会有所提高。同样,如果你说的话很漂亮,让人听了舒服,也会给人留下良好的形象。

因此,无论在生活中,还是在职场中,我们都应该时刻注意自己的说话方式和说话内容,尽量谦虚一些、婉转一些、好听一些。在谈话的过程中,多使用敬语和谦辞,多说有用的话,切记大话连篇,高谈阔论。同时,我们也要加强自己的语言修养,提高自己的个人涵养。

说出你的真实想法,但要找对方法

1

在一次工作的晚宴上,老顾引荐我采访了一位电脑专家。我好歹也采访了很多人,哪怕比电脑专家更厉害的人物也采访过了,可不知道为什么,我居然不知道怎么跟这位电脑专家交谈,不知道如何开口说第一句话。我内心吃惊、纠结,不知道该怎么办,最后只好表露了自己的真实想法:"不知道为什么,我对您有点害怕。"

电脑专家突然笑了起来,之后他主动跟我说话,而我也终于摆脱了之前的害怕,自然地跟他交谈起来。

采访过程很顺利。在采访即将结束的时候,电脑专家告诉我,其实他一般不怎么接受别人的采访,之前约过几个记者,但是他们明明很紧张,却总是说一些文不对题的话,像什么"你的衣服色调搭配得真好""你的发型很新潮",或者"您正在看的这本书恰好是我最喜欢的"。"只有你,说出了内心真实的想法,其实我知道我第一眼真的很令人害怕。"电脑专家笑着说。

受到电脑专家的启发,我在以后的采访中,经常以说出自己的真实想法作为打开话题的契机。

2

在与人交谈时,我们应该诚实地把自己内心真正的想法说出来,这样才能给对方一种真诚的感觉。没有必要为了迎合对方,而刻意隐瞒自己的真实想法。

当然,在表达自己的真实想法时,可以先用委婉的态度和语气,表示对方的想法没有问题。通常,每个人在听到别人对自己的想法表示认同时,都会收起防备心理,把你当作是持有相同意见的人。这时候,再说出自己的真实想法,就很容易被他人接受。

《淮南子·人间训》里曾记载了一个故事。

鲁哀公想在宫殿的西侧进行扩建,史官表示了强烈的反对,说:"在西侧扩建宫殿是一件极不吉利的事。"鲁哀公听到这,十分生气,表示不想再听任何谏言,转而问宰折睢,说:"我打算扩建宫殿的西侧,史官们说这不吉利,你的看法呢?"

宰折睢想了想,回答说:"我认为,天下只有三件不祥之事,宫殿西侧的扩建工程,与不吉利的事无关。"

鲁哀公终于有了笑脸,而后问道:"对了,那三件不祥的事分别是什么?"

宰折睢回答说:"第一个不祥之事是不行礼仪,第二个不祥之事是奢侈无度,第三个不祥之事是面对劝谏而不听。"

哀公听完后,默然沉思,心平气和地自我反省了一番,觉得自己的做法很不对,于是下令停止宫殿西侧的扩建工程。

相比于史官们的直接劝诫,宰折睢没有谈扩建工程之事,避免了与鲁哀公产生直接的冲突,转而谈天下三大不祥的事,而这三大不祥的事,都与鲁哀公想要扩建宫殿西侧的工程有关。宰折雎心平气和地说,鲁哀公则心情舒坦地听,这比直接劝谏鲁哀公,强迫他改变主意的做法有效得多。

3

在人际交往中,我们经常遇到陌生人,最开始时大都会感到不自然,就好像两个人之间隔着一堵墙,彼此都不知道如何打破这堵墙。这时候,如果能找到一些话题打破彼此之间的僵局,缓和气氛,就能迅速地进入融洽的谈话氛围中,轻松自然地进行交谈。要达到这个目的,说出自己的真实想法是最直接最快速的方法。

不过,很多时候,说出真实想法可能会让人觉得不舒服,尤其是在提反对意见时。因此,在说服他人时,一定要心平气和,不要感情用事,要让对方真正愿意接纳你的意见。

生活中,学会说话是一种修养,更是一种难得的处世智慧。有话好好说,才不会让对方对自己产生排斥心理,而后才能尽情地发挥自己说话的才能。这样不仅能达到自己的目的,也能让你和对方的关系更融洽。

好话并不是什么时候都适用

1

我去一些企业采访时,经常会看到这样一幕:其中一个人正在口若悬河地说话,但听的人却紧锁着眉头,明显对说话的那个人正在说的话题完全不上心。有的人,还会找个借口逃离这场谈话。听的人为何不听?或许他心里正想着某件令人烦心的事情,又或者他此刻心情不好。究其本质,我觉得,是谈话的时机不对,如果掌握不好时机,不管一个人说话的内容有多精彩,也无法达到有效说话的目的。

听说过这样一则寓言故事。

有一头驴,平日里主人都给它吃青草,但吃得多了,那头驴吃腻了,变得不喜欢吃青草了。后来有一天,主人无意间在青草里加了一点盐,吃腻了的青草突然有滋有味了。驴兴奋地问主人在青草里加了什么,主人说是盐,于是驴就马上宣布,它从此之后不吃青草了,只吃盐。结果可想而知。

通过这个寓言故事,我认识到任何物种都不能只吃一种食物,而一个人也不能只听一个话题。因此,人需要听到不同的话题,但不同的话题,需要不同的时机。想要对方愿意听自己说话,或者接受自己的观点,我们就要学会在恰当的时机说出恰当的话题。

这就像一个棒球运动员,即使有强健的体魄、优秀的技术,如果比赛时不能抓住击球的决定性瞬间,也会输掉比赛。

因此,时机是非常宝贵的,尤其是对想让自己变得优秀的人而言。不过,什么时候才是所谓的"恰当的时机",如何正确判断并抓住时机,其实并没有什么固定的规则,而是要根据谈话时的具体情况具体分析,可供参考的有对方的心情、当下的环境等一系列因素。

2

孔子提出的"中庸之道"思想,受到了很多人的推崇和喜欢,这也表明每个人都喜欢凡事恰到好处,过或者不及,都不是最恰当的。在现实生活中,与人交往如此,说话更是如此。那么,说话如何践行"中庸之道",让谈话双方都满心欢喜呢?

首先,两个人交往的前提在于彼此有对话的可能。有了对话的可能,才会有交流;而有了交流,才有可能产生情愫。所以谈话的双方都很关键。这就像是两个人在配合默契地跑一场接力赛,彼此都是接力的主心骨,必须稳稳地接住对方传来的棒,也要好好地把自己的棒交给对方,任何时候都不能松懈。

当谈话的接力棒在自己手上时,我们要紧紧握住,并尽心尽力地"跑"好;当接力棒在对方的手上时,我们要为之加油和鼓掌。因为如果你讲得眉飞色舞,口干舌燥,但没有人为你鼓掌,你一定会觉得非常失落,反之亦然。因此,交谈时一定要选择双方都感兴趣的话题,才能更好地交流,取得更好的效果。

其次,每个人的阅历是不同的,对事物的认识也不相同,产生分歧、碰撞是在所难免的。这时候,说话的内容和方式要根据对方展现出的阅历和对事物的认识做出相应的调整。如果对方是一个文化水平不高的人,那么说话必须通俗易懂;如果对方是高素质人才,对事物有独特的见解,那么就需要说一些高水平的话,才能给对方留下深刻的印象。

再次,每个人都有表现欲,在交谈的过程中,每个人都有被承认、被赞赏的内在心理需求。如果你只热衷于表现自己,对自己的一切津津乐道,而对他人不屑一顾,那么只会给对方留下自吹自擂的印象。因此,我们要满足对方的表现欲。当然,说话也要有一个限度,不能不停地说,这会给对方造成不好的印象,我们应该适当地留一些空间给对方慢慢品味你的话。

最后,切记要在恰当的时机进行交谈,不要在对方心情不好或者工作不顺利时大谈特谈。

3

乔治是美国加利福尼亚州一个鼎鼎有名的大亨,他的全部资产已经超过了10亿美元。某一年,他与他的商业伙伴戴维准备在中国投资建一座工厂,于是他们就从加利福尼亚州飞到了中国。不过他们人生地不熟,首先需要找一个合作伙伴。

经过努力,乔治和戴维终于找到了合作伙伴,这个合作伙伴是国内一家大型企业。在谈判桌上,双方相向而坐。乔治颇为欣赏对方领导的精明能干以及通晓市场的敏感度,在对方提出了对合资企业的宏伟设想后,乔治和戴维决定签约,因为他们仿佛已经看到了合资企业的光辉前景。可是,就当乔治准备签下自己的名字时,那位领导估计是想炫耀一下自己的实力,又颇为自豪地说:"我们企业一共拥有2000多名员工,去年一共创收利润700多万元,不得不说,实力是相当雄厚啊……"

听到这儿,乔治呆住了,停下了手中的笔,在心里打起了算盘:700多万元的人民币,折算成美元,大约是100万,一个拥有2000多名员工的企业,一年居然只能赚这么点钱。看这位领导十分自豪的表情,似乎对这点收入很满意。乔治突然觉得很失望,因为这与自己预定的利润目标有很大的差距。于是,乔治决定终止合作谈判。

原本马上就要到手的投资,就这样半路飞走了,原因只是一句画蛇添足的话。试想,如果那位领导当时能够保持冷静,或许这份合同还有签成的可能性。

4

刘禹锡在《陋室铭》里写道:"山不在高,有仙则名;水不在深,有龙则灵。"同理,话不在多,点到就行,选择恰当的时机说出恰当的话就可以了!

掌握好说话的时机,是每个人必修的一门课程。因为在职场和生活当中，即使你说的是好话，如果在不恰当的时候说出口，不仅起不到有效沟通的作用，还会带来适得其反的效果，实在是不划算。因此，根据对方的身份、性格、心理状态，以及当下的环境等条件，思考自己说话的内容和方式，是这门必修课的主要内容。

要知道，好话并不是在什么时候都适用，关键在于时机。时机对了，说的话就是力量；时机不对，说的话就有可能成为阻碍。

过犹不及，当心吃力不讨好

1

有一次，我正在采访一位女企业家王女士，这时候，来了一位化妆品公司的销售人员。王女士是她早期的客户，这一次来，她先是送上王女士订购的产品，而后看到办公桌上有一些图案，就笑着说："王姐，您的办公桌真好看，还有艺术涂鸦呢。"

王女士看了看她，"扑哧"一声笑了，无奈地摇摇头，说："你是不是近视了，那是划痕啊！"那位销售人员有些尴尬，匆匆说了两句就找了个借口离开了。

王女士看着我，说："真不好意思，她每次来拜访的时候，都会想方设法地说一些好听的话，让我高兴。不过，有时候，她会弄巧成拙。"

当然，那位销售人员只是一时眼拙，闹出了一个笑话，其实不算严重。不过，在谈话的过程中，如果你在无意间说了一些拙劣的恭维的话，对方会认为你在讽刺他，那这恭维就完全变了味道。相反，如果你的话恰如其分，不但没有拍马屁的嫌疑，还会让对方觉得你是一个很会说话的人，愿意跟你继续沟通。

举个简单的例子，假如你在和别人聊天的时候，对方看着你，笑着说："你的眉毛看上去真好看，是你自己修的吗？""你说话的声音真好听。"你的心里一定会感到暖暖的，因为你觉得别人看到了你的优点，并放在了心里。而如果换作你对对方说了一些恭维的话，对方会觉得有面子，就会答应你的请求。

在职场中，这种方式也很奏效。开会时，你的主管才刚说了一句话，你就立马接上话茬："说得真对，真是一个明智的决定。"这会让参加会议的人，甚至主管都会觉得你在恭维主管，别人会觉得十分不自在。但是，如果你等主管说完了话，再说："根据您给出的建议，我之前的问题都解决了……"这虽然是恭维，但这也是事实，就算是拍马屁，也不会让别人觉得不舒服。

2

赞美是一门学问，在人际关系中，赞美最能打动人心。但是赞美也要有个度，过了这个度，赞美就有可能变成讨好、巴结和拍马屁，不但达不到预期的效果，还可能适得其反。因此，赞美要适度，要讲分寸和方法。

你见到一位其貌不扬的姑娘，却偏偏说："天哪，你真是漂亮极了。"对方非但不会感激你,反而会认为你说的是虚伪至极的违心话,或者是在嘲笑讽刺她。但如果你观察到她的服饰、谈吐和举止,发现其中的出众之处,并真诚地对其进行赞美,她一定会感动于你的细心和真诚,对你产生好感。

的确,人人都喜欢听赞美的话,但不是所有赞美的话都能让人高兴。那些无凭无据、虚情假意的赞美,会让听到的人莫名其妙,而且给人以油嘴滑舌、虚伪的印象。因此,只有基于事实,发自内心的赞美才会真正引起对方的好感。

每个人都是不同的,素质有高低之分,年龄有长幼之序,赞美要因人而异,如果对所有的人都采用相同的赞美之词,那么赞美也就成了鸡肋。因此,针对每个人的特点,有针对性地进行赞美才能取得好的效果。比如同老年人交谈时,可以称赞他们引以为豪的过去;对那些在外闯荡的年轻人,可以称赞他们的魄力和开拓精神;对商人,可以称赞他们头脑灵活,富有生财之道;对知识分子,可以称赞他们知识渊博……赞美需要因"人"制宜。

3

真诚的赞美,不仅会让别人听了之后产生心理上的愉悦,而且还会让我们在学会赞美别人的过程中发现别人的优点,从而对他人抱有一种欣赏的态度。

那么,如何进行真诚的赞美呢?

第一,翔实具体,深入细致。

在我们的生活当中，天才是少数，有着显赫功绩的人也是少数，大多数人都是普通人，都是用自己的劳动创造价值的普通人，因此，赞美别人要从具体的日常小事入手，针对对方的哪怕是极其微小的长处，进行恰到好处的赞美。赞美的语言越具体、翔实，越能证明你对对方很了解，越能表明你的真诚、可信，越能拉近你们之间的距离。相反，如果你的赞美总是含糊其词、模棱两可，类似于"你工作完成得很不错""你的性格很好"等空泛的话，就起不到好的效果。

第二，合乎时宜，适可而止。

有一句古诗："美酒饮到微醉后，好花看到半开时。"说的就是相机行事、适可而止才能产生好的效果。试想一下，我们正在筹划做一件事，开始之初的赞美，会让我们充满信心，下决心做出成绩；做这件事时，赞美会让我们再接再厉，遇到困难不放弃；做完了这件事，赞美会让我们思考今后努力的方向。

第三，"雪中送炭"胜过"锦上添花"。

有一句俗话说："患难见真情"，最有效的赞美不是"锦上添花"，而是"雪中送炭"。因为大部分需要赞美的人，不是那些已经功成名就的人，而是那些没有信心的人，或者身处逆境当中的人。他们在平日里很少听到赞美，如果他们听到了他人真诚的赞美，便会树立起自信心，受到鼓舞，从而大展宏图。

当然，除了语言，有时候，一个赞许的目光，一个向上的大拇指，甚至一个友好的微笑，都是赞美的方式，都能收到意想不到的效果。

有些人天生擅长尬聊

1

很多女孩都喜欢幽默的男生,但有些男生对"幽默"这两个字有误解,他们认为幽默的作用就是在人群中活跃气氛,不管说什么类型的话,只要能够让在场的人笑出来,就算是达到了幽默的目的。因此,他们为了制造幽默,经常会说一些肤浅的笑话。

一个夏天的晚上,我结束采访后,在路边的一个大排档吃饭,旁边坐了一群喝酒的男生,他们正在打赌,看其中一个长发男生能不能成功搭讪隔壁桌的一个漂亮女孩。

那个长发男生被气氛煽动,站起来,拍着胸脯说没问题。他拿着半瓶啤酒走到了隔壁桌,对那个漂亮女孩说:"嗨,我们俩都是长头发,我们要不要交个朋友啊?"那个漂亮女孩转过脸,上下打量了那个男生一番,说:"你是艺术家吗?"

男生一愣,慌张地摇摇头,说:"不是。"

漂亮女孩笑了笑,说:"在我眼里,一般男生留长头发有两种可能性:第一,他是个艺术家;第二,他穷得没钱去剪头发。既然你不是艺术家,那就是穷得没钱剪头发了,既然没钱,怎么交朋友啊?"长发男生愣住了,脸一下就红了,悻悻地回到自己的座位上。

我忍不住笑了,那个长发男生其实是想通过幽默的方式展现自己的魅力,不过他的幽默很肤浅,而且没有太大的吸引力,最后不仅没有跟漂亮女孩做朋友,还碰了一鼻子的灰。那个漂亮女孩或许并不是不喜欢留长发的男生,而是不喜欢喝着酒到处跟人随便搭讪的男生。

看,这样的幽默并不好笑,反而会成为被讽刺的对象。要知道,幽默并不是毫无分寸地耍嘴皮、卖关子,也不是毫无意义地插科打诨。要想成为一个真正幽默的人,必须要具备一定的素质与修养。

2

幽默的好处在于,如果我们总是用过于严肃的态度生活,未免就太过于沉重。人生不如意之事,十有八九。如果我们沉浸在不如意中,唉声叹气,那么生活只会越来越黑暗;如果这时候换一种心态对待生活,那么每天就会充满了快乐。

懂得如何调侃自己的人,也懂得如何给自己的生活添加快乐的调味料,即使日后遭遇坎坷和不顺,也能泰然处之。同时,这种人也充满了人格魅力,能得到很多朋友的喜爱,成功的机会自然也就比一般人多。

但不知道是什么缘故,人们似乎无法灵活运用"幽默",而那些照搬照抄的"幽默",常常会弄巧成拙。

记得有一次在一个小饭馆里进行小组聚会,隔壁桌的一位客人点了一只鸡。当服务员把鸡端上来后,客人发现这只鸡的做法和平时不太一样,好像是用不同的鸡块拼凑起来的,不过他不敢肯定,于是他就问服务员:"为什么这只鸡的两条腿一条长一条短呢?"服务员笑了笑,也许是想调侃一下,于是说:"先生,您是来吃鸡的,还是来和鸡跳舞的呢?"客人听到后,顿时怒不可遏,他觉得服务员在侮辱自己,于是找来饭馆经理,大闹了一场。

我觉得问题出在那位服务员身上,幽默的前提是明确地了解自己,明确自己的身份,并且弄清楚自己是否有能力灵活运用幽默才能。如果不明白这个前提,而是只凭着一时兴起,不分场合地说一些自以为有趣的话,那么很多时候会引起他人的反感。

如何灵活运用幽默呢?在生活中要积累幽默的素材,创造幽默要细心地观察生活,体会生活,因为大部分的幽默都来源于生活,只要我们生活中多留心,就会发现生活处处充满了幽默。从生活中获取幽默,会让我们的幽默显得自然、恰当、不做作。

想成为一个真正幽默的人,最基础的是积累素材,还需要锻炼自己的口才和反应能力,丰富自己的知识储备。同时,积累素材要与时俱进,不能停滞不前,不能总是依赖现成的素材来表现幽默。不能与时俱进的幽默会很肤浅,且不会产生特别好的效果,也不能充分地展现卓尔不凡的口才。

3

我很欣赏鲁迅先生讲话的生动和幽默,不仅文雅,也很犀利。有一次,鲁迅和他的几个朋友在谈论国民党的一个地方官僚所下的禁令。命令禁止男女同学同泳。鲁迅先生说:"同学同泳,皮肉偶尔相碰,有碍男女大防,不过禁止之后,男女还是一同生活在天地中间,一同呼吸着天地中间的空气。空气从这个男人的鼻孔呼出来,被另一个女人的鼻孔吸进去了,淆乱乾坤,实在比皮肉相碰还要坏。要彻底划清界限,不如再下一道命令,规定男女老幼,诸色人等,一律戴上防毒面具,既禁止空气流通,又防止抛头露面。这样,每个人都是……喏!喏!"他一边这样说,一边站起来,模仿戴着防毒面具走路的样子,朋友们一边看着一边笑得前仰后合。

这是真正有深度的幽默,不仅达到了最佳的戏剧效果,还能显现出说话人的个人魅力。

一天早上,我在一家包子店吃早餐。隔壁桌坐着一个小伙子,正狼吞虎咽地吃包子,一口咬下去,肉包子"嗞"的一声,溅到了旁边一位中年人的衣袖上。小伙子的脸瞬间红了,不知所措地看着中年人,拿起一张餐巾纸,想要给他擦。中年人摆了摆手,说:"等一等吧,你还没有吃完呢,说不定还会溅过来。"

我能感觉到中年人不开心的情绪,毕竟没有人愿意让自己的衣袖溅上肉汁。但是当着众人的面发火,着实也不大妥当,于是他用"说不定还会溅过来"当作对小伙子的回应,表达了自己的不满,同时也提醒那位小伙子要注意自己的行为。果然,那位小伙子吃剩下的包子时,特别小心翼翼。

看,有深度、有新意的幽默,不仅能调节气氛,还能体现一个人的修养和人格魅力。当然,这要有比较高的文化素养和较强的语言驾驭能力。因此,我们在生活中要丰富自己的知识,提高自己的修养,做到幽默信手拈来,得心应"口"。

不了解就别安慰,他只需要你的耳朵

1

莫言写过一句诗:"你若懂我,该有多好。"这首诗之所以看着美好,大抵都在一个"若"字。若,"如果"之意,很大程度上可能不会实现,只存在于我们的幻想中。有一天,办公室有一位"90后"的小姑娘发了一条朋友圈:"总有一个人,知你冷暖,懂你悲伤。"好像很多人都在期待一个真正懂自己的人,不过在我看来,似曾相识简单,感同身受却没那么容易。

一个人了解另一个人,其实是一件很难的事。例如,我们身处繁华、发达的大城市中,很难想象在同一片天空下,在遥远的山区,有人穷困到缺少食物和水,对那些刚刚遭遇过大灾难的人内心是如何痛苦和难过也难以感同身受。

2

我有一个朋友,叫卡卡,他总是自诩特别会安慰人。每次,如果有朋友跟他谈心事,述说自己遇到的委屈,他常常话都还没有听完,就以一句"我知道你很难过"接过话茬,而后开始说自己的事,说自己最近工作不顺利,喜欢的女孩不喜欢自己之类的。这种情况下,朋友都不愿意继续聊心事了,卡卡还是一副眉飞色舞的样子讲自己的事。

有一次,我们和卡卡去探望一位朋友。这位朋友被检查出肿瘤,情况不大好。卡卡一进病房,就开始安慰那个朋友:"我知道你也不容易,看看这些年,创业花了不少钱吧,事业刚刚起步,就出了这么糟心的事,孩子还在上幼儿园呢。唉,我知道你很难过……"

这位朋友的脸色顿时不太好,但也没说话,后来卡卡提前走了,这位朋友就对我们说:"他懂什么,少说风凉话!"

在我看来,世界上没有感同身受,我们不可能真正了解别人的委屈,在别人眼中,我们可能只是站着说话不腰疼。的确,生病的人不是自己,怎么会知道生病的疼呢?

大学毕业后,陆续有很多同学结了婚,有很多女同学也成了妈妈,每天在班级群里探讨孩子的事。梅子也在其中,她刚生完小孩,但她没有初为人母的欣喜,而是患上了产后抑郁症,内心对很多事情都很排斥,连自己的孩子都不想看,偶尔会歇斯底里地在群里骂婆婆骂老公,每天都要在群里发无数条信息。

一个月过后,梅子在网上晒起了娃,照片里的她一片阳光。她在群里说了一句:"谢谢各位同学,我已经从产后抑郁症中走出来了,生活挺好的,感谢你们。"

我觉得很好奇,于是翻了以前的聊天记录,其实没有什么人回应过她，大多数时候，都是她一个人在唱独角戏。

那一刻，我突然明白，她需要的不是开导，而是一个听众。

3

我有一个好朋友是心理医生。有一次写稿，需要写作素材，我就问他，那些找他的人都是什么样的人，他们会问什么问题，整个心理治疗的过程是怎么样的……不过，我的朋友很有职业操守，不管我用什么方式，他都笑而不语，于是我只能采用激将法，说道："哼，你不说，我也能知道。他们都说，心理医生就是安静地坐着，听别人说话，然后讲一点大道理，最后就是收钱。"

朋友终于开了口，说："你想想啊，这个世界上如果有一个安静的人，让你可以无所顾忌地倾诉，让你把心中的任何情绪都发泄出来，让你把秘密一口气全说出来，你觉得这个人容易吗？"

我顿了一会儿，不说话了。是啊，这哪里容易啊！

我们每个人都知道生老病死是人生的基本规律，可是当身边亲近的人离开时，我们还是会觉得难过，甚至痛不欲生；我们每个人都知道杀人是犯罪的，可是还是有人走上犯罪之路；我们每个人都知道开车要"宁停三分，不抢一秒"，可是还是有很多司机"抢一秒"……是的，我们都知道，但我们还是需要倾诉，也就需要人生的"心理医生"了。

我们经常会有这样的时刻吧？突然感觉自己正在经历着世界

上最大的痛苦，多么希望身边每个人都来安慰自己、帮助自己，从而获得同情。可是，我们感觉到的痛苦与悲伤，通过语言向他人倾诉后，却不一定带来相同的感受。

倾诉与倾听，一字之差，却有着想象不到的差距。

4

不了解，就不要安慰。

很多人在向你倾诉时，有时候只需要你借出自己的耳朵。与其不痛不痒地说"我懂你……我知道……"，还不如不发一言，用心地去感受，做一个忠实的听众。

听别人倾诉时，保持积极的态度是最基本的。当你表现出了倾听兴趣，对方才能够无所顾忌地表达自己的想法。相反，如果你表现出一副消极态度，动不动就说"我知道了""我懂了"等，对方就会失去向你表达的欲望。同时，也不要不懂装懂。作为倾听者，如果你不明白对方说的意思，那你就要让他知道你不明白，逃避不是好办法。

倾听时，要全身心地倾听，与说话的人保持目光的亲密接触，无论是站着还是坐着，都要保持恰当的距离，也要注意姿态和手势。同时，要用行动给对方以回应。对方向你倾诉，虽然是排解自己内心的情绪，但他还是会渴望得到回应，包括安慰、理解等。举个例子，如果对方跟你聊到了他最近在工作中遇到的问题，这时候，你的建议，或者提供能够帮助他的书籍、工具，就是一种很好的回应。

注意,不要在回应的过程中提太多问题,这样会让对方的思路变得混乱,注意力不集中。

倾听时,要感同身受地理解对方,理解对方的语言和情感,可以把自己想象成对方,站在对方的角度思考问题,体会他的情感。听完对方的倾诉后,不要着急下结论,无论你是持有赞许或反对的态度,都不要轻易说出口,没有经过认真考虑、仔细斟酌的判断和评价,容易让对方产生防御心理,你们之间的交谈就会有隔阂。

当然,很重要的一点,当别人向你倾诉时,不要神游,听了这里忘了那里,这会导致交流变得很困难。

九

接纳变化,世界才是你的

爱情啊，都是有条件的

1

我常常从不同的朋友那儿听说过这样的控诉："我真的不图什么，我只希望他爱我，对我好，一直不变心……"似乎每个人在刚坠入情网时，都会这样想。可是，所有的爱情都是有条件的。

我们物质上可以无所求，但精神上一定会要求对方跟自己契合。不然，面对一个三观不合的人，你真的会动心吗？我们可以不在乎对方的学历和资历，但是会要求对方在某一个地方符合自己的心意。要么脾气好，要么人品不错，要么对你上心，不然你怎么会答应和他在一起呢？

爱情啊，总是有条件的。

爱情的条件，不仅是物质上的，还是精神上的。

大学时，隔壁寝室的若水暗恋学校的校草三年，但校草一直没有回应。不过若水不放弃，每天都在朋友圈发一大段文字倾吐心意。她说，不管校草爱不爱她，只要自己爱校草，就够了。爱是没有条件的，不能求回报。

日子一天一天地过去，朋友圈一天一天地更新着，很多人都评论若水的朋友圈，表示很感慨，也很感动，表示"能得一痴心女子如若水，乃人生的一大幸事啊"。可有一天，若水在朋友圈发了一篇声声啼血、字字落泪的文字，她委屈地控诉：为什么我对你这么好,这么痴情,你却连一个笑脸都不肯给我?

看,最开始什么都不要,今天却开始要一个笑脸。给了笑脸之后呢?明天会不会要求跟对方牵手?后天会不会要求对方给一句承诺?

爱情啊,都是有条件的。条件,不单单是指看得见的房子、车子、金银财富,还有对方的品行、才华,甚至还包括对方的生活习惯、发展前途等,这些都是可能令你动心的条件。当你动心时,你会说:"他在我的眼里是最优秀的。"可一旦闹起了别扭,你又会指责:"你怎么一无是处?我当时怎么看上你的?"是啊,当时你看上对方,对方还是有点用处的,不然为什么你权衡再三,还是选了他呢?

2

大学在一起的情侣,几乎没有能够坚持到工作两三年后还在一起的,阿康和阿瑷是唯一一对。有一天,阿康找到我,说阿瑷打算出国读书,深爱她的阿康劝不住,最后只好病急乱投医,请我帮帮忙,劝阿瑷留下。

我跟阿瑷说:"阿康已经三十岁了,到了结婚的年纪,就算他能等,他的父母也等不了啊。鱼与熊掌不可兼得,阿康这么爱你,而且还这么优秀,你一定要想清楚啊。"

阿瑷始终坚持自己的想法,不为所动,说:"我觉得真正的爱情能够经得起时间和空间的考验。如果阿康真的爱我,他一定会等我的。"

最后,阿瑷还是出了国。阿康提出分手,没过多久,就和一个相亲认识的女子结婚了。过了半年,阿瑷抽空回了国,找到我,说:"你可以帮我一个忙吗?"

"什么事?"我疑惑地问。

"你能帮我约那个女人出来吗?我想见一见她。"

"谁?"

阿瑷压着声音,说:"阿康的妻子。"

我没有帮她。不过,看阿瑷的神情,我知道她后悔了。后悔自己不懂得珍惜,后悔高估了自己在阿康心中的地位,抑或是后悔没有早点认识到爱情都是有条件的。

每个人在陷入爱情时,最容易犯的错误,就是盲目相信自己拥有无条件的爱情,但走到一定阶段会发现,其实爱情啊,都是有条件的。

3

爱情,从一开始就是有条件的。

感觉到对方对自己的不一样,这是条件;在相处的过程中,感觉到对方的庸俗、肤浅,觉得不爱了,这也是条件。爱与不爱,都需要理由,而这些理由,就是说服自己的前提条件。

因此,不要觉得你的爱情与众不同,没有任何条件的束缚,是最宝贵的。虽然你可能真的拥有羡煞旁人的美好如偶像剧般的爱情,与他人平静如水的爱情完全不同。可事实上,每段爱情都是独一无二的,但每段爱情又都是相似的,如果忽略了爱情的条件,未必能有美满的结局。

我们每个人付出感情,与其说是为了取悦另一半,倒不如说是为了取悦自己。只有付出了爱,我们才能感觉到自己存在的意义,而付出爱的能力,就是能够爱人的条件啊!

世上的每段爱情,其实都被条件束缚着。既然世界上没有无条件的爱,那么我们更应该努力地让自己具备爱与被爱的条件。

那些不喜欢,又不得不做的事

1

亲戚家的女儿姗姗18岁那一年,高中毕业后没有考上大学,复读完全不在考虑范围内,但她也不知道去做什么好。当时,听说正流行电脑培训,于是她就找了家培训机构,交了3000多元的学费去学电脑。培训结束后,她在一家文印社找了份打字员的工作,不过月薪不高,每个月只够勉强生活。

做了没几个月,姗姗就辞职了,她觉得这份工作不适合自己,而且也没有什么前途,因为以后会电脑的人会越来越多。后来,姗姗打听到同村的姐妹要去学理发,瞬间心动不已。在同村姐妹的怂恿下,姗姗脑门一热,决定也要学理发,学成后开一家美发店,生意一定很红火。不过,还没等姗姗凑齐开美发店的资金,她就看到学美发的人越来越多,开美发店的也越来越多,竞争越来越激烈,她又失去了信心。

结果,那段最美好的青春时光就在犹豫中消失了。

后来,姗姗听了亲戚的劝告,转行去学了美容。她原本以为自己会很喜欢美容,但当了一段时间的学徒后,她发现自己并不喜欢这一行。每天给别人的脸部按摩,完全没有什么成就感,更重要的是,她觉得看不到将来,所以过得很不开心。

过了一年,姗姗让家里凑了点钱,打算开一间服装店,她觉得自己对服装很有品位,应该能做好,可是开了没多久,她又觉得开服装店不过就是去进货、理货、卖货,循环往复,很是无聊,于是她又关了店。就这样,姗姗一直跟着感觉走。然而10年过去了,28岁的她在辗转数份职业后还是荒废着,始终没有找到一份做得长久的工作。

2

老顾曾经带过一个徒弟,名叫王珂,王珂是一个看上去很聪明的小姑娘,原本在一家公司当小文员,每天的工作是给领导写各种发言稿,以及年终总结等文字材料。但她不喜欢,因为太枯燥了,她想写一些有意义的东西。

王珂进报社实习后,老顾让她先跟着我去跑采访,说能学到很多东西,而且老顾还承诺,只要她写得好,版面给够。这倒让我有点嫉妒,毕竟我以前写稿子可都是限制字数的。结果,王珂摇摇头:"我一点儿也不喜欢跑采访,多累啊。"

老顾没办法,就给她一些资料,让她写一个"XX讲故事"的栏目稿,还语重心长地劝:"故事来源于生活,却高于生活,要学会在素材上加工润色,才能吸引读者。"没想到,王珂看了素材,居然不乐意了:"我才不喜欢写这么俗气的故事呢,多无聊啊。"

刚好那段时间老顾在尝试写剧本,就想着先让王珂学写剧本吧。然而王珂刚看了两个剧本就放弃了,说:"我不喜欢写剧本。剧本看起来太吃力了,场景什么的,完全莫名其妙,不如言情小说看得顺眼。"

老顾终于放弃了安排王珂做事情的念头,转而问:"那你喜欢写什么?"

王珂想了想,说:"我喜欢写散文,写我的心情。"

老顾点点头,说:"行,你写吧,锻炼文笔也是可以的。"

过了一周,王珂把她写的散文交给了老顾,老顾看完后哭笑不得,她的散文不仅语言粗糙而散乱,内容也不知所云。王珂站在一旁,问:"顾老师,你觉得发在哪个版面比较合适?"

老顾笑着说:"就发在你自己的朋友圈吧。"王珂听了,很不高兴,她觉得老顾说话不算话,而老顾也迅速找了个理由,请王珂走人了。之后王珂去了哪里,做了什么,我就再也不知道了。

3

我在采访的过程中,接触过一些人,他们不是自视甚高,就是无比挑剔,尤其是在自己的工作方面,这个不喜欢,那个也不喜欢,而且总能找到各种各样的理由。

"我不喜欢小公司的氛围,人虽然不多,但竞争实在太激烈了,我希望去大公司工作,薪水不低,竞争不大,能让我快乐平和地工作。"

"我一点儿也不喜欢大公司的流程,什么事都要一步步来,实在太死板了,一点儿也不灵活。"

每个人都有自己的喜好,但问题是,社会是现实的,并不是所有人都能随心所欲地做自己喜欢做的事情。

4

我们在生活或职场中,有时会遇到一些自己不喜欢却又不得不做的事情,这时候该如何排解自己内心的不喜欢,并说服自己去做呢?

既然是不得不做的事,那么它一定有存在的价值和意义。因此,面对自己不喜欢,但不得不做的事,就要找这些事背后的价值和意义。你可以想象一下自己完成这件事后会有什么样的收获,这些收获就会成为你的动力,不断地推动你去完成你并不喜欢做的事情。

这些不得不做的事，无论你是喜欢还是讨厌，无论你觉得快乐还是痛苦，都必须完成。与其痛苦地煎熬，不如选择快乐地面对。其实只要我们愿意，一定能够找到让自己开心的方式。

当然，做自己不喜欢的事，会让人感到痛苦，因为这件事对自己来说太艰巨、太繁重，完全看不到头。这时候，最好的解决方法是把这件事分解成一个个的小任务，一步一步地去完成，就没有那么困难了。

要想岁月静好，请你不要太闲

1

很多人给我发微博私信，我都是选择一部分回复，因为我工作很忙，每条消息都回复，那我就不用睡觉了。而有些私信，我真的不知道怎么回。我觉得，问问题的人大概也不需要我回复，不过是借我的微博发泄一下情绪吧！

有人说，公司有一位异性领导对她有好感，最近可能要带她出差，问有什么方法拒绝。我在想，"可能"的意思是不是这是一件还没有发生，也不一定会发生的事？

有人说，他的朋友生病住院了，他去看望朋友时发现朋友生病的症状他也有，去医院检查，却没有什么问题。但是，他还是很担心。

还有人说,她今天和领导撞衫了,她害怕领导以后给她穿小鞋,怎么办?

诸如此类的私信,还有很多。有时候我想,女孩子可能受情绪影响较多,这倒也能理解。可是,渐渐我发现,发这些私信的也有很多男孩子,闲来无事,内心就有很多不安全感。

我想说,人生中的许多蹉跎和痛苦,都是因为,你,太闲了。

2

在报社上班的时候,每天最大的心愿是一觉睡到自然醒。闹钟是7点钟响,每次闹钟响起,我都会按掉闹钟,希望能够再睡10分钟;10分钟过去后,又希望再多睡5分钟;5分钟过去了,又希望再睡3分钟。就这样一直拖一直拖,不到最后一刻,绝不起床。

春节的时候,我终于实现了自己的愿望,我取消了所有的闹钟,晚上慢腾腾地爬上床,再也不用担心睡眠不足了。早上睡到自然醒,阳光透过窗户晒进来,晒得我的被子暖暖的,我觉得在这么美好的日子,浪费时间真是太幸福了,我决定做一个奢侈的闲人。

上班的时候想追电视剧,一天虽然只更新两集,但也要两个小时,我每天根本看不完。而春节,就算是四十多集的电视剧,我两天就看完了。可是,看完后,我好像无事可做了。无事可做突然让我陷入一种恐慌,怎么办?身边的人似乎都在忙碌啊,世界还在转,而我这么闲?

问了问同事,他们春节期间还在写稿,我顿时觉得更慌张了,

接纳变化,世界才是你的

时间在眼前一点一滴地流逝,我再没了闲暇时光里的慵懒和舒服,反而变得更加焦虑。才到初四,我就受不了了,忙完了家里的事,急急忙忙回到北京,花了一天时间打扫干净房子,开始实施自己的工作计划。这时候,我的心才变得踏实多了,内心不禁感慨:"唉,还是忙一点好啊。"

只要忙起来,也就没有时间和精力抱怨了,你的大部分时间都在想"今天还有什么事情没有做完",而身边的那些八卦和家长里短,你根本没有时间关心。

3

人闲下来时,就容易胡思乱想。如果长期宅在家里,或者每天过着两点一线的生活,思考问题就容易钻牛角尖,哪怕是一件特别小的事情,都会觉得特别严重,仿佛整个世界都要"爆炸"了。

很多夫妻、情侣总是共患难容易,同富贵却很难。其中一个重要的原因,是他们在遇到困难和挫折时,往往会拧成一股绳,风雨同舟,抱团取暖,目标一致。可是,一旦等到外部环境风平浪静、雨过天晴了,内部矛盾就开始蠢蠢欲动。真的,人一旦闲了,就会找茬。

因此,无论是亲情、友情,还是爱情,如果想要岁月静好,现世安稳,置身于其中的我们,不能太闲。如果能给彼此留下一定的空间提升自己,虽然忙忙碌碌,却会更加充实,也会更加珍惜在一起的岁月。

4

我曾经看到过一组漫画,漫画内容表达得十分简单、粗暴。

"想念谁——call"

"想见面——约"

"喜欢什么——买"

"讨厌什么——说"

总而言之,人生没那么复杂,别总腻腻歪歪的。

生活从来不欠你什么,如果你每天都被焦虑、忧郁等各种坏情绪折磨得生无可恋,可能是因为你真的太闲了。

因此,把自己的一天都排满吧!拥有一份自己热爱的工作,让8小时过得十分充实;拥有一个真心投入的爱好,让你的空闲时间也过得心满意足。当然,如果你的爱好是看肥皂剧、吃零食,我觉得还不如早点洗洗睡呢,至少睡眠能够帮助你消除黑眼圈。

生命不能回头,"你变了"也没什么可怕

1

一个数年不见的朋友,好不容易见了一次面却没有了当年的感觉。分别时,他唏嘘地感慨了一句:"我觉得你变了。"

九 接纳变化,世界才是你的

有一次,我和一个玩得很好的朋友讨论事情,中途发生了意见分歧,她突然对我说:"你看看你现在都变成什么样子了?"

刚进报社时,我只是一个实习生,帮着端茶、送水,听候别人的派遣。后来,我终于能独当一面了,以前的同事有些会衷心地祝福我,但也有同事对我说:"以前的你不是这样的,以前的你单纯、美好,而现在的你为了一个采访可以想尽办法。你真的变了,面目全非。我不认识你了。"

以前,我真的很在意,也觉得很心酸。后来,我想明白了,世界上根本不存在一成不变的人。静止只是相对的。有时候我们觉得时间好像没有变化,这是因为时间在跑,而我们也跟着时间跑。世界总是在变化的,我们也会渐渐地成长、成熟。

2

变化会令你欣喜,还是令你难过,取决于你的心态。

我采访过一位90岁高龄的老人,人称"李老夫人"。李老夫人在丈夫去世以后,双腿就变得不灵活了,生活也不能自理了,不过这并不能阻止她注重仪表仪容。她依旧每天早上6:30起床,8点前穿戴完毕,把头发梳成时髦的样式,精心打扮。

后来,她要住敬老院了。我推着李老夫人的轮椅在大厅里等着,等了大概两个小时,一个护士走了过来,细声细语地说:"房间已经准备好了。"李老夫人笑了笑,脸上的皱纹都变得温和了。

在前往房间的路上,护士在一旁细细地描述李老夫人的房间:有一张舒适的床,有梳妆台,窗帘是蓝色的……不过,还没等护士说完,老李夫人就开心地说:"谢谢你,我很喜欢我的房间。"

"可是,您还没有看到您的房间……"我奇怪了。

李老夫人笑着说:"这和有没有看到房间其实没有多少关系。我是否喜欢我的房间,与它的格局是怎么样的,家具是怎么样的,其实没有多大关系,不管它是什么样,我都会喜欢它。如果我每天总是想着自己身体的哪一部分又变得不灵活了,就会给生活造成很大的困扰;想着那些已经离开我的人和悲伤的事情,那么我每天就只能以泪洗面,处处感伤了。幸好,我不愿意这样生活,我选择接受眼前的一切。不管我发生了什么样的变化,我都接受自己,接受这个世界,不去想那些已经发生了的事情,而是专注于当下。这样,我每天一睁开眼,都觉得一切的美好是上天给我的最好恩赐。"

3

每个人都会经历各种各样的变化:我们也许没有小时候那么可爱了,也许没有上学时那么单纯了,也许没有刚入职场时那么简单了,也许没有刚恋爱时那么温柔了……无论我们如何抗拒,这些变化已经实实在在地发生了,我们唯一能做的,就是接受这些变化。

因此,不要再斤斤计较于能否回到最初的模样,"你变了"

并没有那么可怕，毕竟人总要变化的，要不断地朝着新的人生迈进。

做得了"俗人"，才担得起梦想

1

有很长一段时间，我不喜欢应酬，总觉得那些人在饭桌上斗酒、猜拳、爆粗口、说低俗笑话，简直俗不可耐。可是，若干年后，我却发现那些在饭桌上表现很"俗"的人，却在事业上有了很大的起色。而自诩清高、孤傲的我，依旧在饭桌上应酬着。

我很喜欢古代那些隐居山林的智者，他们有着经天纬地的才能，不过也有很多怪癖，最显著的就是清高、孤傲，一般只与自己相知的人来往，对其他人，尤其是"俗人"不屑一顾。《三国演义》里，刘备三顾茅庐才终于得见有着卧龙之称的诸葛亮一面；写了《饮酒》的陶渊明用菊花表现自己的清高、孤傲，为了不与官僚同流合污，隐居深山。

但是现代社会不同，可以施展抱负的机会有很多。在这个竞争激烈的现代社会，有才华有能力的人数不胜数，清高、孤傲的人不容易为社会所接纳，从而失去一展身手的机会。

2

我的小学同学陈佳,他不但长得帅气,而且成绩非常好,一直名列前茅。从小到大,他一直都是别人羡慕的对象。大学毕业后,他进了一家跨国企业,在市场部工作。没想到进入社会后,一向自信满满的陈佳却遭遇了挫折,他始终没有办法跟客户谈妥一个单子。有时候,客户第一次拒绝了他,陈佳就觉得放不下面子,绝对不会再联系。

后来,老同学帮他介绍了一个客户,客户表示愿意吃个饭了解了解。点菜的时候,客户觉得是熟人介绍的,想着为陈佳省钱,于是就点一些分量大但价格便宜的菜。陈佳发现后不由得皱起了眉头,而客户觉得自己一片好心,结果还要看陈佳的脸色,对陈佳印象就不是很好,这顿饭局在彼此不愉快的氛围中结束了。

这次失败后!陈佳开始反省自己,他问了自己身边的朋友,在他们看来,自己究竟是一个什么样的人。朋友们都认为陈佳有点清高,虽不是坏事,但也难以成事。为了职业的发展,陈佳决定"痛改前非",尝试让自己"俗"一点。结果,他很快就谈成了一个单子。

生活在世俗中,没有谁比谁高雅,谁比谁低俗,即使万贯家财,即使身居高位,即使声名远扬,都改变不了我们是世俗之人的本质,这并没有什么丢脸的。

3

在职场摸爬滚打多年后,我发现一个规律:那些刚入职场的人,几乎都想要挑战公司里那些"很俗气"的规定,这不但很难做到,而且常常是搬起石头砸自己的脚,自讨苦吃。

当然,我并不是要大家忘记自己这些年受到的教育,也不是要大家忘记自己的梦想。我只是希望大家明白,"俗"是安身立命的基础,只有做得了"俗人",才担得起理想和抱负。因此,请适当地"俗"一点吧,这并不会影响我们成为想要成为的人!